终极问题

Ultimate
Questions

[英]布莱恩·麦基 / 著

刘小涛、周从嘉 / 译

贵州出版集团
贵州人民出版社

著作权合同登记号 图字：22-2024-012 号

图书在版编目（CIP）数据

终极问题 /（英）布莱恩·麦基著；刘小涛，周从
嘉译 . – 贵阳：贵州人民出版社，2024.5
（π 文库）
书名原文：Ultimate Questions
ISBN 978-7-221-18363-7

Ⅰ . ①终… Ⅱ . ①布… ②刘… ③周… Ⅲ . ①哲学 –
通俗读物 Ⅳ . ① B-49

中国国家版本馆 CIP 数据核字 (2024) 第 100826 号

ZHONGJI WENTI
终极问题
[英] 布莱恩·麦基 / 著
刘小涛、周从嘉 / 译

| 选题策划 | 轻读文库 | 出 版 人 | 朱文迅 |
| 责任编辑 | 杨进梅 | 特约编辑 | 张雅洁 |

出 版	贵州出版集团 贵州人民出版社
地 址	贵州省贵阳市观山湖区会展东路 SOHO 办公区 A 座
发 行	轻读文化传媒（北京）有限公司
印 刷	天津联城印刷有限公司
版 次	2024 年 5 月第 1 版
印 次	2024 年 5 月第 1 次印刷
开 本	730 毫米 × 940 毫米 1/32
印 张	4.5
字 数	80 千字
书 号	ISBN 978-7-221-18363-7
定 价	30.00 元

关注轻读

客服咨询

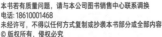

目录

时间与空间

我们的文明已经存在六千多年，人们习惯于认为这是一段非常长的时间。大多数人的头脑里，只有一个关于文明的模糊轮廓。就我来讲，一般会认为它始于《圣经·旧约》，然后希腊文明随之兴起，再然后是罗马帝国，两者都持续了数百年。之后，是千余年的中世纪。中世纪因文艺复兴而结束，文艺复兴导致宗教改革，继而是启蒙运动，随后是工业革命和浪漫主义时代。再之后，就进入了现代世界和我们当前的生活。在这个巨大的时间跨度里，其他文明也在地球表面的一些地方起起落落。这些文明的绝大部分内容，往往不为和我处于同样文明区域的人所知。它们包括：中国、日本、印度、中亚、中东、南美、墨西哥。我们容易认为，巨大的历史变化只是随着时间的流逝慢慢发生，就像巨大冰川的缓慢移动。

　　但是，考虑一下这个事实。总是有高寿的人，他们活得超过一百岁。在今天的时代，长寿的人比以往任何时候都要多。不过，在过去的时代，长寿的人也一直都有。和我交好的朋友里，有三位特别长寿，其中两位是公众人物——政治家伊曼纽尔·辛威尔（Emanuel Shinwell）和音乐慈善家罗伯特·迈尔（Robert Mayer）。（罗伯特认识勃拉姆斯[1]，他是罗伯

1　　约翰内斯·勃拉姆斯（1833—1897），德国作曲家。——编者注

特家人的朋友，曾和他们一起在德国曼海姆待过一阵子。）罗伯特出生的时候，周围肯定有超过一百岁的长者，人们认识他，就像我认识罗伯特那样，或者就像罗伯特认识勃拉姆斯一样（勃拉姆斯去世的那年，罗伯特十七岁）。这些人出生的时候，当然同样还有另外一些高寿的人。如此类推，你可以不断回溯，将这些如此列举出来的人放到一起，形成一个首尾相接、没有断裂的链条。让人震惊的是，整个文明不过就发生在六十个人彼此连续的人生光阴里；这大概是我办一个酒会时邀请的朋友的数量，他们可以一起挤在我的客厅里。二十个人就将我们带回耶稣的时代，二十一个人就回到了尤利乌斯·恺撒。哪怕只有似乎不起眼的十个人，也会把我们带回1066年的诺曼征服。至于文艺复兴，只要六个人就够了。

如果用一个人的一生作为单位来度量历史，你会意识到人类文明的历史短得不可思议。这也意味着历史变化的速度迅捷得不可思议。每一个伟大的帝国，从其崛起、繁荣到走向衰落，通常不过发生在屈指可数的几个彼此连续的人生里，一般不超过六个。因此，我们自己可能仍然接近于整个故事的开端。明天复明天，明年复明年，一个世纪接着另一个世纪，一个千年接着另一个千年。最终，20000年会不可避免地到来，200000年和2000000年也会到来。历史的车轮永不停息。事实上，相比于我们所处的地球，还有宇宙中其他天体存在的时间，这些时间不过是很短的片段。从现在起，只要人类仍然存在于地球或者其他星球，人类的历史就会不断延续、不断扩展，但最终也都可以毫无间断地回溯到我们今天生活的时刻。对未来的人类来说，在永不停止的时间里，他们会面临什么，又会做什么呢？在遥远的未来，他们会如何看待我们这些似乎处在故事开端的人类（设若只要他们乐意，就可以对我们了解很多的话）？经历过数倍于从文明的黎明到今天的时间之后，经历过那么多尚难预测的历史事件之后，在他们眼里，我们会是什么样子？

我能想象，有些读者已经开始举手抗议："我们怎么能思考这些事情呢？我们有什么样的概念能把握这些呢？很显然，时间推到两千或三千年前，即便是那时候最伟大的天才，比如苏格拉底和柏拉图，恐怕也不能预见今天的世界，或者在他们和我们之间的这段历史里会发生什么。对于遥远未来的某一段时间，一如两三千年前一样遥远，我们能获得什么样的有益想象呢？一片空白罢了。或许，我们可以对不远的未来做出一些猜测，但历史告诉我们，即使这样的猜测也常常是错的。真相是我们不知道，我们也不能知道，我们一点都不会知道。我们没有选择，只能继续过好当下的生活，尽量对那不远的未来做些谋划，不去想你说的那些事情，不是因为它们不值得思考（相反，如果我们能够思考的话，那是很棒的事），而是因为我们没办法去思考，甚至不知道该如何思考。"

我的回答是：除了日常事件的一般秩序，我并没有假定任何别的东西，既没有假定任何宗教的东西，也没有假定任何超自然的或者超验的东西。我不过是问，假定我们今天的生存境况仍然会持续存在，就像我们熟悉且期望的那样，那么会发生什么？要使得我们赖以生存的自然境况不再持续，可能需要某些超自然力量的干预，比如时间的停止。当然，也有这样的可能性，比如地球不再存在，因为它可能受到来自外太空天体的撞击而成为碎片，或者因为太阳的冷却而冻结成一个完全没有生命的所在。但是，这些可能性要么发生在（至少）一百万年以后的遥远未来，要么概率非常之低。在这些事情发生之前，人类肯定会得到警示，甚至可以做点什么来阻止它。例如，核武器最终可能会成为人类的救命稻草。设若天文学家告诉我们，有一颗巨大的小行星正处在和地球相撞的轨道上，那么，我们或许可以用核导弹将它击落，拯救我们自己。这枚导弹或许需要比已有的导弹威力更大些，但这仍然不过是正常的事件进程。另一方面，人类也可能会用这种武器毁灭自己，因而让人类文明走向终结。不过，有一个事实使得这种可能性很难发生，因为从过去到未来，主导着人类活动的追求是要解决各种生存问题。最有可能发生的事情仍然是，在未来很长一段时间里，人类继续存在，哪怕不再居住于地球，人类也会发现某个更宜居的所在；或者，因为地球变得越来越不宜居而被迫迁往别的某个地方。不管发生什么，在未来的任何一个时间点，人类都会有一段和我们的过去相连续的历史，他们的知识会比我们的知识更为丰富，因为在那段时间里，信息技术会更加发达。

我们习惯于认为，我们关于人类自身历史的知识极其丰富。在过去的一千多年里，随着历史不断向我们走近，它的细节也愈趋鲜活。我们对二十世纪历史的了解最为详尽，超过以往任何时候。但是，我们需要提醒自己，我们关于二十世纪的历史知识，乃是生活在哪怕两百年前的人绝不可能拥有的。他们所处的时间位置，将他们和这些知识隔绝开来。对他们来讲，二十世纪是一片空白，正如未来的世纪对我们是一片空白。不管在哪个时间点，人类可以知晓自己的过去，但绝不会知道未来。但是，不管过去、现在、未来，事件本身及其发生的秩序对所有人来说都是一样的。要特别强调的是，不是因为我们对未来事件没有知识或知之甚少，这些事件就成为模糊或不确定的了——模糊或不确定的乃是我们自身。我们关于未来的知识（或者不如说知识的缺乏）一片空白，但未来仍然会充盈着各种事件。我们只是还不知道它们会是怎样的。未来的事件也会是具体的、真实的、独特的，一如过去发生的那些事件。

我们能知道的事情、我们能理解的事情，都受制于我们在时间中的位置，要想摆脱这种影响获得一种更清晰的认识，几乎是不可能的。时间位置不仅制约着我们关于过去、关于未来的知识，甚至也制约着我们关于当前社会的知识。我们没有透视时间的能力。不管我们处在哪个时间点，我们的社会都不同于一百年前，也将不同于一百年后。从社会结构到物质事物，从艺术、科学到饮食、服饰，从经济到宗教，从战争形态到交通方式，从礼仪习俗到语言的用法，无不如此。以这个理由来看，绝大多数人都会有时间上的狭隘，就像大多数人有空间地域上的狭隘一样：他们蜷缩在自己所处的时代，认为那就是全部。然而，事情的真相正好相反。他们的时代很快会随风而逝，能留下来的或许只是一点点记忆，而且不会太长，毋宁说，更像是永不止歇奔涌向前的人类历史长河中的一小片浪花。它几乎不会在任何人的心灵里留下什么印迹，更不用说让他们产生什么持久的兴味了——除了历史学家。

尽管如此，我们每个人都别无选择，不得不在那段短暂的光阴里过完自己的一生。这就是我们的全部时间配给，是我们的境遇。在生活里，如我们所理解的那样，最为残酷的就是时间；在我们所有的短处里，最为致命的也是时间。有一首广为人知的歌曲，歌词写道：

> 时间，像奔流不歇的河流，
> 卷走它所有的孩子；
> 他们随之而逝，像一个梦
> 破灭在黎明时分。

我们无处可逃。在这个经验世界里，我们所有的时间终将消逝。它还会卷走所有我们曾经拥有的东西和那些曾经存在的静好。

在享受着片刻欢愉的同时，我们的活动空间也被局限在非常小的范围内。在空间的维度上，我们的局限极其严苛。人类生命的生物程序应用范围很狭窄，仅限于地球表面。如果我们想离开地表，向内深入土壤或大海，或者向外进入太空，在没有人造设备将我们包裹在地表环境里的情况下，我们就会死去。直到目前，我们取得的进步还很有限，不管是深度，还是高度。除地球以外，人类迄今唯一踏足的天体是月球，它与地球的平均距离约为380000千米。然而，现在可见的宇宙远至大约1600000000000000000000000000千米。英国皇家天文学家告诉我们，尚不可见的宇宙的范围远远超过上述距离，而且，不是以千米而是以光年来计算，也不是以几十、几百来计数，而是以百万来计数。从宇宙的范围来看，我们的太阳系不过是一个小斑点。人类生命的长度和这里讲到的天文学距离之间的关系也是如此，人类甚至不太可能穿透太阳系的边际。

还在耶鲁大学读研究生的时候，老师就教我们，时间的概念和空间的概念在逻辑上相互依赖。我们不可能不使用空间概念来定义时间，反之亦然。自爱因斯坦以后，物理学家就如史蒂芬·霍金所云，将时间和空间理解为是"不可分割地联系在一起的"。它们之间的联系复杂深刻，不是很容易就能理解的。不过，让我们考虑如下情形。

如果通过望远镜来看一颗恒星，而这颗恒星发出的光需要至少一百年才能到达地球，那么，我看到的恒星就大约是它一百年前的模样。我透过望远镜知道的事情现在可能已经改变：在过去的一个世纪里，它可能已经爆炸，或者已经移动到了天空中别的某个位置。不管发生了什么，作用于我视网膜上的光线都是它一百年前发出的。其实，我看别的东西的时候也是如此。如果我看和我同处一室的另一个人，我看到的并不是"现在"的他，而是某个短暂过去的他，也就是光从他到我的视网膜所需要的时间之前的他。在日常生活里，这点距离和这点时间都微不足道，我们可以直接忽视。事实上，我们几乎意识不到它们的存在。然而，它们确实存在，还会产生如下后果。

设若有我所说的这么个星球，它上面有感觉能力的生物正透过望远镜观察地球，那么，他看到的地球景象正是约一百年前的（相较于我们的时间）。如果他的望远镜非常强大，足以看到人类的活动，那么在我们的"现在"，他可能正坐在那里看第一次世界大战。他可不是在看对事件的记录，或者某种电影般的回放，他看到的就是第一次世界大战。他观察到的事件，和第一次世界大战战场上的军官透过双筒望远镜看到的事件是一样的。他们接收的是同样的光波，以同样的速度传播，也以同样的方式作用于他们的望远镜镜片。拿着望远镜的外太空观察者和战地军官，都是同样事件的直接观察者。

如果同时（就我们的时间来说），在两千光年之外的另一颗遥远恒星上，另一个观察者也在用一个功能甚至更强大的望远镜观察地球，他可能正看到耶稣被钉死在十字架上。如果是在一颗更近一点的恒星上，他可能正在观察黑斯廷斯战役。倘若是在又更近一点的恒星上，他可能看到女王伊丽莎白一世穿过十六世纪伦敦的拥挤街头。不仅仅是人类的历史，甚至整个地球的自然史，都可以被不同距离恒星上的观察者直接同时看到。这可一点都没有什么超自然之处。我们都熟知这样一个想法，即上帝是能同时看到所有人类历史的至高存在，然而，一群人类也能做到这一点，只要他们能在恰当的位置上安装恰当的观察设备。这可不需要什么时空穿越，也不需要魔法或奇迹。他们只需要遵照世界的正常运行方式，让自己站在观察设备前。

爱因斯坦相信，以纯粹科学的观点来看，物理学里没有客观的"现在"，所谓的"现在"依赖于观察者相对于被观察对象的位置。但是，倘若"现在"只是相对于观察者才存在，那么，"过去"和"未来"就也只相对于观察者才存在。爱因斯坦明确表述过这一点。在他看来，"过去"和"未来"都是客观存在的观念可能是个幻象，虽然这种观念向来根深蒂固。为了更好地理解它的意义，我们可以反思一下历史中的不同时刻，那些时刻对于生活在其中的人来说是"现在"，对于生活在其前的人来说是"未来"，对于生活在其后的人来说是"过去"，然而，对每个人来说，这些事件和事件发生的序列都是一致的。这是对的，爱因斯坦讲，在时间之中的所有事物都如此。事件有一个在时间之中的顺序，因此，确实存在时间序列（要明白爱因斯坦并没有反驳这一点），但是，在时间序列里，没有哪一个时刻享有被称为"现在"的荣光。换句话说，序列是客观的，但时间的流逝不是。时间的流逝是经验的特征。在爱因斯坦之后，许多物理学家采纳了他的观点，因此，这绝不是一种神秘的观点：它是科学的。实际上，哲学家康德最先提出了这个观点。不过，一个哲学猜想在获得了坚实的科学基础之后可就大不一样了。

时间的本性如此神秘，关于它的许多重要方面，物理学家仍在激烈争论。我并不是物理学家，因此，倘若我试图用科学的术语来为一种观点辩护或者反驳另一种观点，就会显得很愚蠢。不过，正如我所说，科学家之间存在的争论足以表明，这些问题的存在不依赖于哲学或宗教；当然，它们也不太可能用常识语言来给出答案，甚至答案对常识来说也不会那么容易明白。恰恰相反，它们总是让常识感到困惑难解。

从某种根本角度而言，时间和空间对物质来说是结构性的，物质不可能离开时空而存在。所有的物理事物要存在于世，就必须在空间中有个位置，也要在时间中有个位置。更重要的是，所有的物质事物都是短暂的：它们生成、存在，在存在的过程中不断改变，最终突然或者逐渐坏灭。我们的身体也是如此。

正如伽利略所说，如果我们是不死的，那么我们不可能存在于这个世界上。人类身体存在的时间跨度也为它可以移动的距离设置了限度，根据已有知识，我们大体上可以猜测一下这个限度是怎样的。举个例子，如果没有任何东西的移动速度可以超过光速，也没有任何人的寿命可以超过两百岁，那么，没有任何人能够从起点开始，跑到两百光年以外的距离——当然，这个起点不一定是地球。即便光速不是极限速度，情况也可能是这样，连续人生光阴中连续的人生旅程，会将我们局限在漫长宇宙长河中一个微不足道的小小角落，犹如沧海一粟。

我们理解其他物质事物的方式，受它们相对于我们而言的大小影响。从千百万倍于地球大小的恒星，到次原子粒子层面的微粒，我们看待它们的视角不同于其他有感知能力的生物——哪怕这些生物和我们有许多共同之处，且用宇宙的尺度来看，大小也和我们差不多。比如说，一块草坪看起来像脚下的一块地毯，然而对蚂蚁来说，它就完全不一样了。但是，差异只是比例、位置和视角的差异。在物理意义上，我们、其他有感觉能力的生物和所有物理对象，都是由同样的物质构成的。在我们死后，或者一个物理对象被毁坏之后，构成它们的原子会分散开来，但原子并不会停止存在。早在我们存在以前，这些原子曾是某些固体、液体或气体对象的组成部分，然后它们聚合在一起，短暂地构成你我，分散后，它们又会以某种方式聚合起来构成别的东西。因此，所有如此构成的物理事物都是暂时性的，只是短期的组合安排。只有原子，或者说它们的构成物，是不可毁坏的。

万事万物都由同样的物质构成，这是一个惊人的事实，但它真的是事实。这些物质就像一堆巨大的扑克牌，总在不断地重新洗牌，重新堆叠。正如将不确定性原理引入量子力学的物理学家海森堡所说："现在我们知道，一直都是同样的物质、同样的化学成分，它们构成不同的事物，既包括矿物质，也包括动物和植物。不同事物中各部分之间的作用力最终也是一样的……我们现在找到了物质统一性的最终证明。所有基本粒子都是由同样的物质构成的，我们可以称之为能量或宇宙物质，它们不过是物质能够表现出的不同形式。"每一个基本粒子存在的时间都已经很久很久，它们曾是数不清的千百亿个不同事物的构成部分。毫无疑问，在成为我们身体的一部分之前，有些粒子也曾是其他生物体的构成部分。组成人类身体的微粒遵从这样的规律，人类繁衍的生物化学过程也是如此。几乎可以肯定，构成你我的大量粒子必定曾经属于别的某个人。在这个意义上，你我都像是转世化身。而且，正如我说过的那样，我们每个人都不过是短暂的组合安排。

数百年前，在科学家还没有用粒子、原子来解释事物构成的时候，莎士比亚似乎就已经抓住了最根本的要点。（我有时候觉得他无所不知。）在《哈姆莱特》的一幕场景里，王子说了（唱了）下面的词句：

> 恺撒死了，他尊严的尸体
>
> 也许变了泥把破墙填砌；
>
> 啊！他从前是何等的英雄，
>
> 现在只好为人挡雨遮风。[2]

在更早一点的场景里，哈姆莱特对克劳狄乌斯国王说："一个人可以拿一条吃过一个国王的蛆虫去钓鱼，再吃那吃过那条蛆虫的鱼。"国王意识到自己被惹恼了，说道："你这句话是什么意思？"哈姆莱特回答道："没有什么意思，我不过告诉你一个国王可以在一个乞丐的脏腑里出巡呢。"[3]

要想对人类自身有一个更全面的看法，需要将上述不同视角都考虑进来。这个列表当然在任何意义上

2　此处中译文参见莎士比亚：《莎士比亚全集》（第5卷），朱生豪译，南京：译林出版社，2016年版，第385—386页。——译者注

3　同上，第361页。——译者注

都不算完整。我们都是浩瀚宇宙中一个几乎不可见的小点，掩埋在宇宙的持续进程中，每一个人的存在时间不过一眨眼的工夫，我们怎么能够希望自己的知识就像所有存在的事物一样多呢？更别说真正理解它们了。万事万物对人类来说都是原则上可以理解的，因此不存在任何不可理解的东西，这种想法不值得进入头脑浪费脑力。科学先驱霍尔丹（J. S. Haldane；他是更为知名的生理学家 J. B. S. 霍尔丹的父亲），（在我看来）他从来都是个唯物主义者，有一次他说道："宇宙不仅比我们设想的来得奇怪，它甚至比我们能够设想的情形还要更奇怪些。"哪怕是最理性的人，也需要明白这一点。

如果将所有这些事实都考虑进来，情况就很清楚了，人们永远不可能在理智上获得对现实的完全掌握。人们一直在不断获得新发现，从未停止，有些新发现要求人们改变一些既有的旧观念。但同时，永远有更多的奥秘等着人们去发现。在我写作此书的时候，科学仍在竞争赛跑。在新发现带来的进步造成某些改变以前，探究者很难完全理解它的重要性。任何人在审视他周边的世界，尝试根据自己的理解来把握它的时候，都像是要抽出自己脚下踩着的地毯。想从看待世界的旧方式中解放出来的斗争无休无止，这是一场很少有人能取胜的搏斗，特别是在旧方式的不充

　　　　　　　　　　　　　　Chapter 1　时间与空间

分性展示出来之前。这个过程没有尽头。

　　之所以不可能在理智上获得对现实的完全掌握，另一个原因在于，没有任何东西可以仅从内部获得完全的理解：我们还需要从外部来看待它。人、物理事物、国家、社会、机构、信念系统、观念体系等，莫不如此。如此说来，我们当中那些在进行理智追求的人，其实总是一只脚踩在陷阱里。在努力理解宇宙的时候，我们没办法跑到宇宙的外面。在努力理解这个经验世界的时候，我们没办法跑到经验世界的外面。在努力理解人类自身的时候，我们也无法摆脱自己，跑到人类的外面。这并不是说我们不能理解任何事情（我希望这一点明白无误），但是，这确实意味着我们不可能理解万事万物。

找到我们的方向

从时间尚未开始，或者说从时间开始之时（如果时间有开端的话），有一点就是确定的，即在某一年，一位名叫玛格丽特·撒切尔的领导者会出现在地球上一个如今被叫作英国的地方。无论在历史上的哪一个时间点，也无论在哪里，这个陈述都是真的。但是，在撒切尔出生以前，我假定没有人说过这个陈述。因此，在二十世纪以前，它是一个不可能被人知道的真理。这种不可能与语言无关。真理本身总是能很容易地用语言表达出来，也容易让人理解。古罗马人知道英国，也至少知道那里有一位令人钦佩的女性领导者——布狄卡（Boadicea）。他们也知道，其他一些遥远的地域也有一些名字挺奇怪的领导者。因而，就语言而言，他们没有什么特别的困难。这里所说的真理，尽管简单，也容易用语言表达，但它是不可能被人知道的真理。

当未来不可避免地成为过去，它也将是独特的、具体的，和那些相对于现在而言的过去一样。我们的后代会知道未来的事，正如我们现在知道过去的事。如果我们现在知道未来，那么我们在谈论它的时候就不会有什么特别的困难了。倘若这么做需要我们指称还不存在的发明或机构，我们也可以用语言描述来克服这种困难。设想中世纪的某个人想象过电视，那么，就语言的正常使用而言，他只需要说几句话，就能向我们描绘他头脑中想象的东西。他不需要事先完全理解，就能谈论这种东西。我们都有电视，也会谈论在电视上看到的东西，但很少有人真正理解电视。手机、汽车、电脑，都是如此。就我们并不理解的东西说出合理的、有意义的陈述，这对我们来说再平常不过。

随着时间的流逝，现在那些关于未来事件为真的陈述，其所指的事件终会成为过去，但这些陈述的真理地位不会改变。只不过，在那之后，它们就成为可知的了。而且，多数情况下，也只有在那之后，我们才可能用语言将它们表述出来。我这里的"可能"指实践上是可能的，就语言来说，从来不存在任何障碍。在某些未来成为过去之后，它们看起来（实际上也如此）就不过是相对于现在而言的过去的延展。它们的历史特征与过去相连，正如迄今已经成为过去的一切曾经在某些时候是未来，它们的特征也和我们当下的未来相连一样。

关于未来事件的真理现在是真的，过去也一直是真的，这个事实容易导致一些人产生一个错误的信念，即认为这一点的成立，要求未来是决定论的。这些人将语言的指称和因果联系混淆了起来。如果在未来的某个时间点，我做出一个未经事先准备、不受外在限制，甚至有点随意的自由决定，打算去做某件事情，那么我会去做它这一点，现在就是真的。一个当下的关于未来决策的真理，和一个当下的关于未来任何事情的真理，二者的真理性没有特别的差异。确实有些人是决定论者，但我不是，决定论也绝不是我想说的东西。

在人类面对的具体现实（reality）里，绝不仅有关于未来的真理是超验的、不可知的。（我用"超验"这个词指经验世界中那些非事实的客观存在，比如价值，或者美。）其中一个问题让我特别着迷——对先天失明的人来说，视觉世界是怎样的。从这个问题，我们可以获得一个最清晰的提示，以便理解超验之物和人类关系的本质。对那些视力正常的人来说，视觉世界就在那里，但是，一个先天的盲人不能理解这种"在那里"，他只能从别人的描述中获得二手的认知。否则，对他来说，"那里"来自哪里，它指什么，又能够指什么呢？尽管他拥有全部的描述经验世界的语言，或者说几乎全部的语言，但他不能对视觉世界做出描述，因为他不能理解它。对于那些难以理解的现实，我们也处于同样的境地：它们存在着，似乎无处不在（触及我们，或者说将我们囊括其中），但是我们不能理解它。这里可没有什么非理性的、宗教的地方，更没有什么超自然。

这里给出的例子可以用语言表达出来，是因为有些人不理解的事情，其他人可以理解。视觉世界对先天失明的人来说难以理解，但视力正常的人可以理解；尚属未来的事情，当前的人们难以理解，但随着未来变成过去，它就会逐渐变得可以理解。在这两个例子里，都存在和现实相应的人类经验，这使得我们可以用语言中那些从经验中获得的经验概念来对它们进行描述。然而，对于那些任何人都不可能有经验的现实的某些方面，就根本不可能存在相应的概念，也因而不会有相应的描述性陈述。

叔本华在某些方面是对的。他说，倘若一个比人类认知能力更高级的生物告诉我们关于现实的某些情形，但这些情形处在人类经验可知的范围之外，那么，我们不会理解他谈论的究竟是什么。之所以说叔本华只"在某些方面是对的"，我的理由在于，倘若更高级的造物披露说，"没有什么作为造物主的上帝，你死后不会完全毁灭，会以另一种形式存在，但这种形式不同于你现在所能构想的任何形式"，那将令人震惊，具有划时代的意义。叔本华非常正确（也极其重要）地指出，哪怕有这样的造物，他也不会有任何恰当的语词，能让我们形成关于这种存在的确切观念。如果有读者怀疑这一点，可以回想一下先天失明的例子。尽管我们能够告诉先天失明的人有颜色这种东西存在，但任何语词都不能帮助他们将真实的颜色概念化。他们从我们这里知道颜色存在，但无法想象颜色。这里的关键区别通常在于"知其然"和"知其所以然"。或许有时我们可以传达关于一个重大事实的真理，但亲身经历的经验会是什么样子，仍然永远难以理解。

我们能够知道（我也认为我们确实知道），现实有某些永远超出人类理解范围的方面。我们能够就它们提出问题，这些问题也有重要意义，然而，除非我们能真正接触到那些超出人类理解范围的信息，否则就不可能获得可以信赖的答案。对我们绝大多数人来说，我们无法知道答案的最为重要的问题就是：我们死后就不再存在了吗？只有认知能力比我们更高的造物或许才知道问题的答案，因此，我们要想知道答案，仅有的可能性在于和他（或它）进行直接交流。据我所知，确实有人相信这世界上有这样的高级存在，还认为我们和对方有联系，正是通过他们知道了问题的答案。这可能是真的。不过，我的起居室里有许多只安安静静的、看不见的、难以察觉的猴子，这也可能是真的。人们可以轻易对这两个陈述做出断言，而且哪一个都不会被证伪。但是，我们没有理由严肃对待它们。我怀疑，那些相信这类事情的人，是因为有强烈的欲望想要相信。希冀或愿望引诱他们跳过了一个中间步骤，没有足够严肃地去思考问题和答案之间的关系。

Chapter 2 找到我们的方向

我完全理解这个问题的关键，因为我也赞成叔本华形而上学的部分看法（虽然不是全部）。像所有伟大的哲学家一样，叔本华也犯了一些伟大的错误。他最大的两个错误就是决定论和悲观主义。但是，除了这些错误，他的哲学充盈着机敏的洞察，有一些观点颇具深度。它们听起来很真实，对我来说也很有说服力。我发现自己想要相信它们，它们带给我情感和理智上的满足。而且，它们可能确实是真的。但是，我永远不能克服的一个事实是，我完全没办法知道它是否确实如此。"是的，这当然是对的"，这种强烈的情感当然不是一种辩护，更不可能是一种凭证。实在的总体可能是那个样子，也可能完全不是。我怎样才能知道呢？它永恒的不可知折磨着我。当然，我可以纵身一跃，结束这种折磨。但是，再没有比这更不恰当、更不合理的回应了，尽管它很诱人。

　　在如此根本且重大的问题上，我们很自然地想克服自己的无知。我们渴望知道那些我们不能知道的事情。在所有的社会里，似乎都有这样一些人，他们常常向别人宣称（或许自己也相信），他们知道一些根本不可能被知道的事情，比如未来。哪怕在我们这个前所未有的世俗、理性的社会里，最流行的杂志也总会有专栏想向读者揭示未来。这一类活动构成人们最熟悉的欺骗行为。还有一种也很常见，那就是假装有治愈某种疾病的办法。这两种行为都长期存在，因为它们给了我们渴望之物的假象，为了得到这些东西，我们随时愿意付出金钱、牺牲其他。

我们容易对现实中包含诸多不可知事物的这个观点产生强烈的抵制，也因而产生强烈的动机，想根据我们已经知道或能够知道的东西，拼凑出现实的一幅完整图景。但是，天哪，人类的处境就好像手里拿着一些并不完整的拼图块，想要拼出一幅完整的图来。不管我们最终拼出了什么，都不会是那幅真正的图。然而，如果我们放弃追求图的完整性，容忍拼图块之间的缺口，那么，我们拥有的所有小块都处在正确的位置上，且小块之间处在恰当的关系之中，这是有可能的。如果把其中的一些小块强行拼在一起，就一定会产生超出于真相的东西，即便我们有不可抵制的冲动想那么做，即便那么做会产生看起来更融贯、更有意义、更富于联想、更让人满足的图景。

到目前为止，我讨论了两个原因，正是它们的作用排除了我们理解全部实在的可能性——我们在时间中的位置，还有我们拥有的理解工具的限制。在我看来，后者更为关键。因为随着时间的推移，人类的后代会相继出现，我们在时间中的位置会经历一个持续修正的过程，但后者不一样，它对所有人类成员来说是一样的。实在的总体有多大的构成部分是我们无法理解的，这个问题我们永远也不会知道答案，但是，我们应该假定几乎就是全部。因为我们不可知的东西不可估量，但我们已经知道、能够知道的东西，又是如此少。

确实存在一些思考方向和我所说的相悖。其中一种思路认为，实在的总体以某种方式植根于我们自身。这种思路的一种形式是绝对唯心主义的哲学假设。另一种形式可以在宗教里找到，它假定有一个作为造物主的上帝创造了万事万物，也根据自己的形象创造了人，因而我们只是部分地享有那造物主的本性。在第一种形式里，世界是我创造的。在第二种形式里，我的本性只是反映了造物主的某些方面。众所周知，要证明一个否定性陈述几乎是不可能的。我不能（其他人也不能）证明绝对唯心主义是错的，但是我发现自己根本不可能相信世界的存在会依赖于我。同样，我也根本不可能相信上帝的存在，尽管我没办法证明他的不存在，但也没有任何人能证明他的存在。信念并不受有意识的意志控制。常常发生的情形是，我们希望能让自己相信某些事情，甚至努力让自己去相信，但结果发现我们做不到。我刚才说到的信念都和人相关，为了扩展我的形而上学理解，现在让我们转向另一个方向。

随着决定论哲学声誉的下降，很少有理智上严肃的人会认为自己知道未来的样子。未来对我们而言几乎是一片空白，不过谢天谢地，比起以前来说，现在认为"无知是相信的许可证"的人越来越少。在其他领域，我们同样要拒绝将无知视为相信的理由。一个坏方法会让我们在没有别的支持理由时就相信一个解释为真（在不能找到一个更好解释的情况下）：坏方法接受这个解释，因为我们想要它是真的。在所有这些情形里，积极的不可知论都是必要的。不可知论是探究过程中的一条积极原则，是对未知事实的开放性态度，与之相随的，是诚实的理智探究和心灵对诚实理智探究结果的接受。在已知事物的边界之外，无知无限地延伸。这些重要的边界并不是由语言设定的。确切地说，绝不是我们语言表达的限度划定了我们理解的限度，真相恰好相反：我们理解的限度划定了语言表达的限度。不仅如此，不可理解并不是从我们整体理解版图的边界产生的。实际上，在我们的理解版图内部就存在巨大的、不确定的、不可理解的区域，有些就处在版图的中央。

这些空白区域存在于我们的理解中央，无比接近于我们的意识。它们实际上也包括意识本身，在我看来，意识将是一个永远也弄不明白的、解不开的谜。还有我们意志的运作。在我醒着的时候，我总是在根据自己的意志行动，我究竟是如何做到的？这一点对我来说尤其神秘。我决定端起茶杯，于是我就端起了它。这太容易了，简直是举手之劳。你可能会说：这里没有什么问题啊！但是，我究竟是如何做到的呢？不管如何反省，我都没办法察觉或把握我自己意志的运作过程，我们完全不清楚，我的意志或者我的决定，究竟怎样导致了我手部的动作。正如语言学家乔姆斯基有一次对我说的那样（见布莱恩·麦基，《思想家》）："就意志、理性、决定或者行动的选择所产生的问题来说，人类的科学还有点茫然无措。从非常古老的时代以来，这些问题就始终晦涩，包裹在迷雾之中。"然而，这些经验处在人类意识的核心位置（或接近核心的位置）已经有相当长时间了，也因此构成了我们生命意识的重要部分。话说回来，还有伦理学。维特根斯坦说"伦理学是超验的"，就这一点，他还写道："很显然，伦理学不能用语言来言述。"他当然不是说我们不能说出"这是对的，那是错的"，因为我们确实可以，而且我们还据此生活。我想他的意思是，不能用语言来言述的是我们说这些话的理由，或者是我们说这些话时真正想表达的东西，尽管我们都认为我们知道自己的意思。

除了精神错乱的恋童癖患者，我们都有坚定的信念，相信折磨儿童取乐是错的，但是，作为不同个体，我们给出不同理由来解释为什么它是错的。有些人相信它的错误在于违背了上帝的律令。有些人不相信有上帝，认为它之所以错，是因为他们同情怜悯孩子。还有些人认为它的错误是违背了人类共同生活繁衍的要求。除此之外的其他解释，也各自有人支持。不过，所有人都有一种强烈的确信：这种行为是错的。这是我们坚定不移地相信的东西，我们毫不动摇，从不怀疑。然而，令人不安的真相是，我们并不知道它为什么错。这里有某种我们都"知道"、都非常确信的东西，但是我们并不知道为什么（在"知道"这个词的所有严肃意义上）。很显然，确信并不是真理的保证，更何况还有很多人通过别的途径得到了相同的结论。或许，我们的根本性错误就在于想要找到最终的理由。或许，事情并不是因为某个理由才是正确或错误的。在实践层面，我们不得不维持我们共有的确信，尽管它基于各种不相容的混乱"理由"。大概只有极少数的极端分子才会认为，我们一定需要先实现信念的统一，然后才能对某个行动表示赞赏或不同意。

在审美价值的陈述上，我们处于同样的境地，虽然这类陈述的实践风险没那么高。几乎所有音乐爱好者都认为莫扎特是一位伟大的作曲家，而且，是一位比舒曼还要伟大的作曲家。人们常常做出诸如此类的评论，但是，这些语词的意思究竟是什么，又总是很难讲清楚，更遑论一致同意了。在艺术领域，"伟大"或"深刻"都不是能讲清楚的事情，但我们发现这些概念不可或缺。我们认为莎士比亚的《李尔王》和《哈姆莱特》两部戏剧具有无可比拟的深度，它们也确实如此，但这里的"深度"究竟指什么？有人能告诉我们吗？我们不断使用这类陈述，但是，怎样为这类陈述提供令人满意的辩护，甚至说清楚这些陈述的真正意思，仍然是我们办不到的事。我们以为自己知道这些语词或陈述的意义，但是除了重述正在使用的这些陈述，我们好像根本不能用任何别的语词来表达它们的意义。澄清这类陈述意义的努力，总会导致争议和互不相容的想法。然后，就会有别的人走过来，断言这些陈述是无效的，因为我们不能为之提供令人满意的解释。他们告诉我们，"莫扎特是一位伟大作曲家"的陈述是不恰当的，"莫扎特是比舒曼还要伟大的作曲家"更加不恰当。而且，说"《哈姆莱特》是一部真正有深度的戏剧"毫无意义。当然，所有这些都是没什么意义的废话。这是一个很极端的例子，人们努力想把不理解的东西从我们已经知道的东西里面排除出去。价值陈述和伦理陈述不仅有意义，它们的意义所表达的东西还处在人类生活的核心。甚至，它们对于诚实都是必要的，因为如果我们不能断言折磨儿童取乐是错误的，或莫扎特是一位伟大的作曲家，我们就是在否认我们知道为真的东西。那些声称这类陈述不过是表达个人情感或偏好的人，就像在绝望之中抓着一根救命稻草。否认这类陈述的合理性，不仅会把我们关于现实的认知限制在我们能够提供充分理由的东西的范围以内，也会将我们能够知道的东西限制在可以用语言表达的东西的范围以内。

个人的经验使得我思考，为什么很多人会否认伦理陈述和价值陈述能够为真。他们的理由通常是这些陈述无法得到理性的辩护。这种理由出自对宗教会乘虚而入的担忧，但这种担忧没有基础。在所有诚实的理智探究里都没有宗教的位置。往最好里说，它也是扭曲的，因为在宗教被引入的时候，就已经承诺了和它相关的各种假设的有效性，它各种可能的后果也就预先给定了或者被排除在外，各种可能性之间的平衡也设置好了。我们面对的艰难现实，其大部分仍然不为理智所掌握。对某事物缺少一种理性的解释，绝不意味着我们就别无选择，只能接受当前已有的另一种不同的解释。的确，我们有一种倾向，总是认为这些解释中的某一个是对的，如果这一个不对，那么另一个就必然是对的。但一个显而易见的事实是，通常已有的所有解释都是错的，在一个新观念或新发现出现之前，我们不过就处在无知的境地，没办法对所讨论的现象做出解释。同时，我们还必须学会在无知的处境里生活下去。无知是不去相信的强制理由，而非相信的理由。

　　有时宗教人士问我："你为什么不接受我们将至上的存在称为'上帝'？"我的回答是："你那么做没有理据。因为那么做暗示着你要能对他有一个描述，还暗示着你需要有一种态度，但是，你不能为这些描述、暗示或态度提供证明。你是将自己放在一个虚假的位置上，然后允许自己从这个位置出发。"宗教话语都有这样的一般特征，它是一种无法被证明的逃避、一种不能正视现实的失败，而对现实的无知才是我们自然的、不可避免的出发点。任何诚实地、严肃地探究真理的人都需要知道，他在这么做的时候，就把宗教抛在了身后。除非他准备好了这么做，自己也承认这一点，否则他的旅程就很难开始——也不能开始，因为他的出发点并不是诚实的、真正的出发点。这就像是论证中的一个错误前提，它会毁掉从论证中推出的所有结论的可靠性。

人类的困境

我们对自己的存在没有发言权，也无从选择。我们只是醒来后，发现自己身处这个世界。后来，等到了一定年纪，选择才成为一种可能性，有些人是以自杀的形式，不过，这也要等你出生后生活上一段时间才行。出生以后，我们绝大多数人都受到生存本能的束缚，这些本能写进了我们的生物程序。我们存在着，我们想继续活着，我们还想更好地活着。

　　因此，我们不得不勉力安排自己的生活，尽管不知道自己是谁，对这个宇宙的了解也极为有限。我们的处境，一个最本质的方面在于，我们是社会性动物，或者不如说是社会的造物：我们每个人都是由另外两个人创造出来的。如果他们不照顾我们，或者没有别的人接管照顾的任务，我们就会死去。我们的存在和生存都需要别人的积极介入。因此，我们在地球表面上的生活，总是处在家庭、群体和社会之中，它们各有自身的结构和规则，有它们一般性的存在模式和行为方式。在我们加入之前，它们就已经存在了。它们在许多方面给我们提供帮助，但也会在很大程度上塑造我们，给予我们限制。我们不断适应，取得各种成功，或者遭遇各种失败。它们形式多样，也短暂易变，成为地球上不断变化着的生活形式的构成部分。但是，一个很重要的事实是，它们无法改变个体在宇宙中存在的最基本的真相，这在哪里都是一样

　　　　　　　　　　　　　　　　　　Chapter 3　人类的困境

的。不管我们身处何种社会，不管这个社会处在时空中的什么位置，我们都需要由其他个体孕育而生，随后哺育抚养。然后，我们才能和其他人、其他事物一起，在时空的"容器"里过上一种或多或少有自主性的生活（或选择不过）。再然后，我们会死去。在所有社会里，这是人类生存的基本模式。没有哪一个社会可以改变这一点。任何社会都只能在有限的范围内改变我们的身体和我们拥有的复杂精密的器官，没有哪一个社会可以超出改变的极限。因此，与那些普遍的、不可逃避的事实比较起来，我们生活其中的社会的特定形态就显得次要一些了。这就是为什么那些用社会形态来解释人类生活的理论都不太恰当：生活的本质不在于社会形态之间的差异。这是那些最伟大的头脑一直都明白的事情，比如莎士比亚。这也是许多理论，比如马克思主义，可能有点肤浅的原因。我之所以拿马克思主义来举例，是因为马克思主义的态度在艺术领域仍然有影响力。它太注重社会差异，而这种差异就像一层薄薄的妆，对艺术或人生只能产生相对浅表的影响（尽管不是完全没有）。正如化妆品产生的效果一样，它也会将人们的注意力从现实的本质转移到相对表层的方面。

　　人类和宇宙的关系有一种最基本的重要性，这种重要性是个体和社会的关系中所没有的。一个人可以选择去一个完全不同的社会生活（千百万的人都这么做了），但他不能选择去一个不同的宇宙生活。也许正是出于这个原因，我们绝大多数时候都将这种不可改变的关系视为理所当然。我们的意识也总在关切和他人的关系，不管我们生活在什么样的社会世界。

我们都是作为物质对象在宇宙里存在的。有可能，我们不仅是物质对象——许多人相信我们只是物质对象，也有许多人相信不是这样。这个问题充满争议。但是，有一件事情我们都必须同意，即我们至少都是物质对象。然而，令人惊奇的是，我们是一种能够从内部知道自己的物质对象。这是一个令人惊奇的事实，我实际上更想说它是一个神秘的事实。然而，除非我们生病了、有某种身体障碍，或者感到年事已高，我们头脑内的思想和情感甚少会将身体作为它的关切对象。绝大部分时间里，我们的意识都是关于外在于我们的他人或事物的。即便是那些和自身相关的思考，也较少和身体相关，而更多是考虑我们所处的境况，特别是他人和工作——与之紧密关联的，是我们的愿望与计划，我们的责任与焦虑，我们的希望与恐惧，还有最直接的意图。这些是我们"内部"生活的主要内容。

尽管我们能从内部知道自身是一个令人惊奇的重大真理，然而，另一个甚至更为重要的真理是，我们所知道的事情绝大部分都不是物质性的。我并不是直接意识到我那作为物质对象的大脑，也不能意识到我的骨骼、心脏、胃、肺、肾、肠，还有其他那些构成我的物质事物。我也不能通过意志的努力来让自己意识到它们。不光对它们不熟悉，实际上，我几乎对它们没什么了解，也不知道它们是怎么工作的。有一些器官，我甚至不知道它们的位置在哪里，也不知道它们是什么模样。我很确定，如果看到它们的样子，我会大吃一惊，会因为看到它们而感到恐慌或者是恶心。许多人，包括小孩和很多成年人，都不太了解那些构成他们的器官。事情的真相是，人们通常并不以这样的方式来看待自己的存在。我已经在自己的身体里，或者说和自己的身体一起，生活了八十余年，我几乎从来没有将自己理解成就是构成我的那些器官。我拥有自己的身体，在自己的身体里，就像一个司机坐在他拥有的汽车里——以同样的方式，它发生的某些事情也可能伤害我或者杀死我。从最重要的事情到最琐碎的事情，它对我的生活产生种种影响。但我不是我的身体。至少，我从来没有设想过或想象过我是。

然而，虽然我感觉自己并不是器官、肌肉、骨骼之类的东西（尽管它们聚合在一起构成了我），我也并不会将自己完全视同于自己的外表。尽管在其他人眼里，我的外在模样主导着他们对我的看法。有时候，通常是在穿过一条马路的时候，我意外地发现，自己正朝着商铺大玻璃窗里自己的镜像走去，有那么几秒钟，我都没有意识到那是自己。在镜子里面，一个八十几岁的老先生朝我走来，他弓着背，身材高大，一头白发，戴着眼镜。在片刻的知觉之后，我才意识到那是自己。这太令人吃惊了！那根本不是我认为的自己的模样，我也并不觉得自己是那副模样。事实上，没有几个人知道自己看起来是什么模样，除非他有一个孪生兄弟。许多年来，作为一个电视节目主持人，我很熟悉人们第一次看到自己出现在电影或录像里时的那种惊讶：他们并不知道自己看起来是那个样子。他们的声音也如此，人们不知道自己的声音听起来是什么样子。他们在录音带上第一次听到自己的声音时，就像是听到了一个以前从来没有听过的声音，一个陌生人的声音。就声音来说，至少还有一个明确的物理原因。我们听到别人的声音时，声音从他们的嘴巴传到我们的耳朵里，但是，听自己发出的声音时，声音的一部分通过空气传进耳朵，还有一部分声音则在头颅内部产生振动，包括头颅骨的振动，因此，这两种声音在物理上就有区别。

尽管人们能够从内部对自己的身体有所了解，但并不是什么都知道——不管是从内部还是从外部。我能够看到身体前面的一些部分，主要是胸膛以下的部位。但是，我只能以间接的方式知道我的脸长什么样子，比如通过映象或者照片。我一直都能直接看到别人的脸，但从来不能直接看到自己的脸。我常常猜测，设若我在地铁车厢里坐着，对面坐着一个和我完全一样的人，我就会注意到许多关于他的事情，而我对自己通常不会注意这些。比如，虽然我是凭抽象能力在想象，但是我猜，我会因自己高大的身材而吃惊。而且，根据自己从商铺橱窗获得的经验，我知道，看见行动中的自己会让人产生陌生、震惊的感觉，甚至有点不安和困扰。

有些读者可能会想："这很自然，你当然不会觉得自己不过是身体的某个构成部分，你也不能意识到它们，即便你努力去做。但是，你能感觉到你的身体是一个整体。这个整体才是你，你可以意识到它的存在。而且，你是从内部（而不是外部）意识到这一点的。任何时候，只要你移动，你都会下意识地觉察到自己的身体是一个整体。在清醒的时候，你一直在掌控它，让它听从你的意志去行动。你还会以其他的方式感觉到它：饿与渴，痒与疼，疲倦与辛苦……" 我的回应是先承认这些都是对的，不过继而指出，这仍然留下了一些重要的问题没有回答。如果我看另一个人，我是将他看作一个整体，头在躯干上面，还长着四肢。但我并不是以同样的方式感知自己。实际上，我也不会用这样的方式来看待他人的存在。正如我对自己的存在的意识基本与身体无关，我对他人的存在的意识也基本与身体无关。我并不是将他人当作一个物质对象来对待，也不是用看待一把扶手椅或者一块岩石的方式来看待他人的。和对待物质事物的方式不一样，我主要是根据一些很难描述的东西来理解他人：他们的品格、性格、活动、反应、表达（特别是情感）、手势、行为、意图、愿望等。换句话说，我理解他人的方式与我理解自己的方式在很大程度上是重叠的。有一个由思想、情感、欲望、目标、动机、记忆、情绪之类的东西构成的世界，我和他人共享这个世界的某些部分，但也有一些部分没办法共享。这个世界几乎都是这些很难描述的东西。我们的身体有时也能闯进这个世界，但除非是在床笫之间（或之后的时间里），身体似乎都消融在了更广阔无涯的图景里。另外，绝大多数时候，当我和别人在一起时，我对他人的觉知比对自己的觉知来得更明晰。甚至，对面前的物质对象的觉知都要比对自己身体的觉知更明晰。在我们的日常生活经验里，我的存在感（sense of being）强烈地融入、吸收了我的周围环境，它强烈到似乎周围环境和"我"是一体的。哲学家费希特用一个极好的短语来表达这一点——"我是一个活生生的人"（I am a living seeing）。康德论证说，设若我们不能意识到外在于我们的事物的存在，那么也就不可能意识到自身的存在。我们绝大部分"活着"的意识，都是关于自己存在于世界之中的意识，它持续不断地与他人或其他事物发生相互作用。

乔姆斯基的著名论点认为，和人们通常的看法相反，我们对语言的习得，不能仅仅根据我们在孩提时的经验输入来解释。与此类似，我的主张是，我们关于他人的认识和理解，以及彼此间的关系，不能仅仅通过我们和他人之间可观察的互动来解释。还有些别的东西也在发挥作用。关于这一点，一个特别、极端也因而明确、有用的阐释性例子是管弦乐指挥。许多音乐爱好者能够听出两位指挥家［比如托斯卡尼尼（Toscanini）和托马斯·比彻姆（Thomas Beecham）］录制的同一首作品之间的差异，但是没有人能解释这些差异是怎么产生的，这些差异既包括整首作品的总体结构，也包括构成整首作品的小细节。这些事情不能完全用指挥家在排练时所说的东西（他们通常也很少说什么），加上他示意音乐家的手势来解释。指挥家向几十位音乐家传递了大量我们无法解释的信息，他们希望用很精妙的方式实现自己的愿望。我一直对这一点很着迷，在过去的许多年里，也和一些管弦乐师和指挥家讨论过这个问题。乐师们都毫不迟疑地表示同意，说他们会用不同的方式为不同的指挥家演奏，但无法解释这究竟是为什么。更加难以解释的是，究竟需要传达什么样的信息，才能让他们根据指挥家的意愿去演奏。指挥家知道自己在做什么，也能够根据自己的意志去指挥。但是，他们要想解释清楚自己是如何做到的却很难，其难度并不亚于我想解释清楚自己是如何移动手指的，虽然这也是我随心所欲可以做到的事。这个例子表明人类生活中常常遇到的一类现象。我们对他人的理解可能充满温情、内涵丰富、细微而深刻，但我们不可能用对他人言语的注意或者对他人身体活动的观察来加以解释。还有别的某种东西，或者某种机制也在起作用。生活中有许多诸如此类的现象，我们还不知道怎么来解释。这当然不是说这些事情没有发生，更不是说它们是神秘的或者超自然的，而是说我们目前对它们还没有一个解释。指挥家布鲁诺·瓦尔特（Bruno Walter）曾声称，指挥是一项神秘的活动。不过，我认为用超自然的东西来解释那些还不被理解的事情是错误的：它阻碍了探究的行进之路，也阻碍了更精确、更富启发的解释。

在考虑这些问题的时候，始终要记住，理性的解释一直在历史中发展：在这个永无止境的过程中，它们不断被人们发现、批评、论证、反驳、修正、重构、挽救、放弃或者取代。我们现在理解得很透彻的无数事物，直到最近才被真正理解。同样，我们也可以期待，所有那些现在还不能被理解的事物，将来都会得到令人更为满意的解释。这是事件的自然秩序。但是，许多人似乎没有意识到这一点。他们似乎认为，倘若现在对某件事情还不能给出一个自然的解释，那它就一定有一个超自然的解释。像电之类的日常现象，我们真正理解它的历史不过两百年，在此之前，人们一直用各种超自然的，甚至宗教的解释来理解它。同样的道理，从现在起往后的两百年里，对那些还不能解释的事情，或者我们常常提出错误观念的事情，我们也将获得更加精确的解释。人类理解的历史正是由类似的发展进步构成的。对每一件我们努力想理解的事情，我们都需要考虑一下自己正处在探寻解释的哪一个历史阶段。在人类的本性里，有一些比较原始的东西在起着相反的作用，它促使人们去为未知的事情寻找超自然的、神秘的或者宗教的解释。但是，和许多原始反应一样，这并不是处理事情的好方法。它更容易妨碍而不是促进理解。

　　这个判断适用于许多和人类的交往互动有关的神秘现象，比如眼睛的表达能力。根据物理学定律，我们能看到别人的眼睛，是因为光线从他们的眼球表面反射到了我们的眼睛里。并没有什么东西从眼睛里面向外发射——没有光线，也没有任何科学可以告诉我们的其他东西。然而，在我们和其他人的交流过程中，眼睛传达的东西可以比语言更微妙。它们能更好地表现我们的内在状态。我们的深层自我可以通过眼睛来交流。我们知道这是一个事实，尽管当代科学还不能给出一个解释。我们在未来获得一个自然解释的可能性，比获得一个真的超自然解释的可能性，当然要大得多。

但是，要和别人的内在自我进行交流，我们既不需要眼睛，也不需要口舌。在有些情景里，另一个人的在场就可以给我们带来巨大的安慰，甚至像救命的稻草，他不需要说什么，也不需要能被看见。这个人可不仅仅是在我们之外的空间里存在着的一个物质对象。似乎可以说，存在一个他和我们共享的形而上学空间，或者说，仿佛我们一起构成了一个形而上学空间，我们都是某个东西相互联系的构成部分。这种感觉生动清晰、易于觉察。

内在自我的交流，甚至也不需要两个人的身体在物理意义上彼此接近。如果我在电话里说的话，引起电话那头突然出现一阵意外的沉默，那么，我立即就能觉察那个人的内在反应。我马上就会知道，他的意外反应究竟是愉快还是不愉快。我也可以知道，他究竟是感到失望、尴尬、震惊，抑或只是在消化我刚传

Chapter 3　人类的困境

递给他的新消息。或者，我知道他短暂的停顿是在考虑回应的重要性；或者，与此不同，我知道他不想表态，出于这个理由不得不慎重考虑措辞。意外的沉默本身是个信息，它可以将多种不同的内涵从一方传达到另一方。然而，传递这些信息的沉默是一样的。沉默就是沉默，没有任何声音。但是，信息仍然传递了出来。这不能用我的预期来解释，虽然我根据以往的经验，知道他极有可能会做出什么反应，但经常发生的情况是，他的反应出乎我意料，和我的预期并不相符。

在成长的过程中，我们不断以各种形式与他人发生接触和联系。这些联系大多是不可见的：各种愿望和它们的表达、愿望的实现或受挫；各种喜好和满足喜好的欲望，或者对失去的担忧；信念、假设、期望、合作与竞争；别人施加给我们的各种要求、禁令和规则；尊重、仰慕、讨厌；还有许许多多其他的东西。这些东西构成的整体，不仅是我们的视觉和听觉交流方式，也是我们的内部交流方式赖以存在的基础。我们可以和亲近的人有直接接触的感觉，这种感觉远远超出了语言所能描述的范围，对我们来说像谜一般神奇。[附带说一句，有证据表明，作曲家埃尔加（Elgar）作品《谜语变奏曲》（*Enigma Variations*）标题中的"谜"，指的不是某个隐藏的音乐主题，而是友谊。]这种感觉最强烈的表现就是爱，它有最高的价值——许多人将爱视为生命中最宝贵的东西。有人甚至说，上帝就是爱。

在某个比我们的感觉经验和心灵意识水平更低的层次，我们和他人的内在自我有着直接的交流。这或许有助于解释为什么绝大多数人都难以忍受孤独的生活。和他人的联系，绝不仅仅是我们孤独生活的调味料，或者是一个额外附加的选项。虽然人类经历长期孤独隔绝的情况比较少见，但倘若发生，人们往往会发疯或者自杀。一个孤独的人，独自生活多年而不出现精神方面的问题，这几乎是不可能的。交流的需要深深地植根于我们的存在（being）本性，而我们的存在原本就出于他人的神秘创造，因此，我们的存在之根源，就在于相互交流的行为。在我看来，性爱是最强烈的相互交流的形式。我们说爱在性爱的过程中实现"圆满"，这种谈论方式意味深长，就好像爱无法在一个人身上停留，也无法获得圆满。也许，有创造力的艺术家也类似。他们不仅有强烈的动机想去创作艺术作品，还有想和他人交流的需要：对他们而言，交流行为不仅与作品存在复杂的关联，也是创作过程的一部分。相互交流是人类存在的关键。

在我看来，道德可能植根于我们拥有的和他人的内在自我有直接接触的感觉，就好像我们共享了同样的内在世界。虽然这么说似乎抛出了一个远远超前于我们当前知识的观念，但它与我们的经验出奇地契合。即便如此，要想感知到彼此之间的联系，要能和他人进行相互的自我识别，要能做出准确的相互预期，要能对他人产生共情，我们的内在自我至少要在很大程度上相似才行。这些联系方式的存在，对于我们和他人的相互理解提供了最好的一般法则。如果我们问问自己"我在他的处境中会是什么感觉"，通常我们就能对他人的行为或反应做出大致正确的预测。正是这个问题，给了我们道德的基石，也就是所谓的金规则——"你愿意人家怎样待你，你也要怎样待人"。几乎所有的古典伦理系统和主要宗教的教义都表达了这条规则。事实上，内在自我的观念可能不仅是理解道德的钥匙，也是理解生命之谜的钥匙。根据进化论的说法，从阿米巴原虫到今天的所有生物，每一个活着的个体都在经历不间断的、持续的自我更新。

生活中充满这些可能性，但我们还没有完全理解它们。因而，它们让我们困惑。我们也对自己的境况心生敬畏。在一切存在物里，我们是如此渺小，又是如此无知。种种神秘的未解之谜包围着我们。我们的命运并不完全掌握在自己手里。有些我们还不能解释的事情对我们来说至关重要：首先是生命本身；然后是生命中的一些现象，比如意识、爱、至高的道德考量；再然后，还有性、音乐和其他各类艺术。它们是如此令人惊叹，难以解释。艺术家可能在用一种独特的方式向我们说话，其作品传达的意义似乎能将我们吞没，然而，他们表达的东西无法用语言来传达。设若不是有这么多人否认这个事实，我真愿意认为所有这些事情的神秘性是不证自明的。我们知道，相对于存在的总体，人类的存在只是一个极其渺小的构成部分，然而，没有几个人的思虑会超越人类的存在。在我看来，对绝大多数人来讲，我们的小小世界（也即这个星球上的自然界）就构成了我们的外部局限。这就是为什么那么多人相信，人类从自然界中出现的过程，原则上完全可以用科学来解释，也因此，即便我们的解释仍然不完全，但它们会在未来逐渐变得完整。这种观点实在不可理喻。不同时代好些伟大的哲学家，比如洛克、康德和维特根斯坦，都向我们解释过（虽然他们的看法有些区别）：经验世界、自然世界、科学探究的世界，都是两种费解事物，即存在着的经验主体（experiencing subjects）和物自体（things in themselves）相互作用的场所。这就意味着，经验主体不能完全处在自己的经验世界之中。同样，物自体也不能完全处在那个世界之中。因而，我们人类一部分在世界之中，一部分不在。许多人相信，这二者交互的界面，可能就是藏着理解终极存在之谜的钥匙的地方。

自我不能在自然之中找到，这个事实也许能够解释，或者有助于解释一个被普遍接受的信念（这也是我持有的信念）——自我不是一个对象或一个事物，也因而不能被当作事物来对待。它不应该被破坏或损害，除非在两害相权取其轻的情况下。它自有其不在这个世界之中的意义，它的价值也并不只是完全和这个世界相关的价值（就像道德和艺术）。在这本书里，我禁止自己频繁引用其他哲学家的话，但是，在这一点上，我禁不住想起维特根斯坦的率直："这个主题不属于世界；而是，它是世界的一个限度。"随后，他在《逻辑哲学论》（*Tractatus*）里说："如果存在任何有价值的价值，那么它必定处在一切发生的和既存的东西之外……它必定在世界之外。"我们能认识到这些真理，正如我们能认识到他人的存在和他们的个体特征：我们确实能做到，也毫不怀疑我们能做到，但我们总体上并不明白我们是如何做到的，也不太清楚我们究竟做了什么。

在道德问题上，认知的形式有奇特的地方，我们不仅需要认识到某些命题是真的，还需要承认这些真理要对行为产生影响。道德植根于我们可以共享某些内在自我，如果这一点属实的话，那就可以解释为什么我们能意识到和他人的关系会产生道德命令，也能够解释何以我们不能用理性论证来为这些道德命令提供决定性的支持。因为它们并不植根于理性。如果为道德提供理性论证的基础在逻辑上就不可能，那它就不应该成为施加给理性的要求。这样的话，说一种道德哲学的观点没有理性基础，就不是一种批评。如果它的动机确实是批评，那就是把事情搞错了。在这样的情况下，对理性的合理要求是解释为什么会这样，并且在一个更基础的层次上，也就是我们能够用理性论证来回应批评的元层次上，让我们的道德信念向批评开放。例如，如果你在政府部门工作，感到有道德义务要去执行一项政策，以降低无辜的人们失去生命的可能性，你可能感到自己无法用理性论证来说服那些抱着宗教或政治原教旨主义信念的人，但是你得让自己尽可能地做好提供理性论证的准备。在你用过，甚至穷尽了一切的理性论证之后，如果他们仍然诉诸暴力，那么你以暴制暴的行动就是正当的。

　　道德的基础既不是群体的意见，也不是社会的利益，这是我非常确定的两件事情。道德一定不是完全出于社会的建构，虽然社会建构可能起了一部分作用。所有人都同意某件事的事实，或者它符合所有人利益的事实，永远都不会因此使这件事成为道德上正确的事。我们举一个很小的例子就够了。设若有一群朋友准备去餐厅吃晚饭，在最后一刻，某个本不是群体成员的人也想一同前往，且出于讨好这群人的目的想要去结账。他去结账看起来符合群体所有成员的利益，但是，让他去结账是不对的。这个事实的错误不依赖于任何人的意愿，也和每个人的自我利益相悖。这个小例子揭示了一个重要的伦理学真理，它包含了一种客观性的要素，使得它永远不能完全根据社会性的考量来加以解释。

在某些方面，我们的审美判断也一样。它们使得人们相信存在某种伟大的力量和即时性，这种力量和即时性基于直接经验而非理性，因此，尽管在一定程度上，我们可以用论证来支持这一点，却无法提供决定性的论证。在这些问题上，我们应该多听听别人的论证，并以理性的方式回应批评。尽管不可能获得决定性的辩护（值得一提的是，也不会有决定性的批评），但这也常常会增益我们的理解。在所有这些方面，我们寻求的不是证明，而是进步；在这里，进步是可能的，证明则不可能。

在某些道德情境里，正确的选择会违背所有的理性辩护。陀思妥耶夫斯基的一本小说里有一个人物，他说，设若将一个小孩折磨致死就能保证未来所有人的繁荣幸福，而人们竟然也确实这么做了，那他一定会和所有人断绝关系。我怀疑他的这种选择在现实生活里肯定观察不到，不过，他是对的。在我还是议会成员的时候，我反对用折磨的手段迫使爱尔兰恐怖分子供出可以挽救无辜生命的信息。我现在仍然会这么做，但是我发现自己的立场很难得到辩护，特别是在一些被恐怖分子谋害了的无辜人的亲属面前。

与此类似，当我持有某些违背理性考虑的道德信念时，这些道德信念通常是否定性的：我能感觉到某些行动的选择是错误的。但我从来没有获得过同样程度的信念，认为自己知道什么行动是正确的。基于那些我认为自己很确信的真理，一个语言哲学家当然可以很容易地用一个肯定命题来进行表达。不过，这里的差别很基本，这种差别本身似乎构成事实的另一个实例，即我们永远不知道什么是正确的，但我们可以确切地知道有些事情是错误的。苏格拉底曾说，内心有一个声音偶尔会告诉他不要去做某件事情，但从来不告诉他该去做什么事情。在我看来，或许我们绝大多数人的内心都有这样一个声音，它被我们日常生活的喧嚣繁乱掩盖了，只会偶尔对我们说话。

提到苏格拉底，自然会让人想到一些特殊的情境。这些情境迫使人们无条件地兑现最为重要的承诺，其重要性超越承诺者的所有其他关切，甚至超越生死。苏格拉底宁愿拥抱死亡，也不愿意去做他认为错误的事情；而且，哪怕他原本有机会避免这种境况，他也没有这么做。在一些悲剧或歌剧里，常常有些人们熟悉的英雄角色会处在这种境况之中，他们不惜以生命为代价，坚守人生道路上的追求或承诺，拒绝其他的可能选项。马丁·路德自愿出席沃尔姆斯帝国会议（Diet of Worms）时，他知道审判的结果可能是自己的死亡。据说，他只说了这样的话："我来到这里。我别无选择。神助我。"在类似这样的境遇里，人们会体验到一种承诺感，这对他来说至为重要，比生命本身还要重要。我们绝大多数人在这样的情况下可能都会退让，给自己找一个能挽回颜面的台阶下，正如伽利略在遭到盘诘时所做的那样。确实有些人，他们反对无条件的自我牺牲。他们认为这不现实，并将其视为一种狂热，或一种孤芳自赏的形式——这些人将自我形象放在一切考虑之上，不管付出什么代价，他都要保持自己形象的完整。也有可能，他们将之视为追名逐利的一种极端形式，比如一些殉道者或者圣徒。这些行为当然存在，不过，我们需要将它们和我所描述的行为区别开来。在西方文明史上，苏格拉底最为鼓励彻底的自我怀疑，这和自大狂恰好相反。虽然苏格拉底或许有虚假谦虚之嫌，但他似乎并没有把自己的自我形象当作最重要的事情。在面临最严厉的道德制裁时，他的表现令人惊讶地冷静，看起来完全超越了自我和理性的考虑。

有些读者可能会对我说："你提出了两个论证，它们结合在一起会构成第三个论证。但是你止步不前了，没有将第三个论证作为明显的推论提出来。首先，你论证说，几乎可以确定，现实的绝大部分都还是未知的，将来也必然如此。其次，你论证道，在我们已知的世界内部，我们对很多事情都无法做出一个令人满意的解释。按照你的说法，这些事情是'所有那些对我们来说最为重要的事情——我们的内在自我以及他人内在自我的本质，这些自我是否会永恒存在；外部世界的本质、时间的本质、空间的本质、世界中的事物的本质、我们的道德信念；我们对伟大艺术作品的反应……'，这显然意味着，对这些事情的真正解释，应该植根于现实仍然不为我们所知的那些部分。你自己也是这么说的。但是，这难道不就是那些宗教的拥护者一直支持的观点吗？这是不是意味着，他们在这些关键点上就是对的呢？你为何如此确定，对他们的观点不予讨论？"

　　我之所以不予讨论，是因为他们利用了我们无知的这个事实，作为他们声称自己掌握了真理的基础。从生命、意识难以理解的事实，或者从艺术的价值及道德源于经验世界之外的事实，都无法推导出我和我的读者有永生的灵魂，或者存在一个创造了世界的上帝。这些事情之间没有逻辑上的联系。在宗教人士被迫要承认这一点时，他们会说："上帝用一种神秘的方式行事。"这算哪门子的解释呢？正如维特根斯坦所云，如果世界的存在如此神秘，让我们需要假定上帝存在来解释它，那么，上帝的存在本身就更为神秘了，我们又如何解释呢？如果有人逼迫宗教人士，让他们拿出真正具有解释力的解释，他们就会撤退到抗议的避难所里，声称一切事物是如何如何神秘、如何如何超出人类的理解。但是我们已经知道这一点了。这正是我们出发的地方。他们所做的事情，不过是利用我们的无知，来为那些没什么逻辑联系的断言提供所谓的理由，但这些断言都不会有坚实的基础。更糟糕的是，这些所谓的解释根本什么都解释不了，哪怕它们是真的，它们只会将我们笼罩在更大的神秘之中。

理性将来能够做到的事情，比它已经取得的成绩肯定还要多得多，我对此满怀信心。它在未来所能取得的辉煌成就，肯定会让过去的成就相形见绌，因为人类进行批判性反思的历史是如此地短，而其未来却无限地长。如果我们接受宗教的干预，那这个进程就会陷入被阻挡、污染甚至倒退的危险之中。在哲学里，哪怕只是加上一点点宗教，也会像是往咖啡里加上一匙糖：完全破坏了整杯咖啡的味道，让人食欲大减。

宗教的进路在许多方面都犯了错误。首先，存在可能就是任意的：所有存在之物可能就是那么存在着，没有一个解释。在我看来，所有存在之物的整体就是如此，不管它包不包括一个造物主上帝。"何以所有的存在之物（包括上帝）会存在？"这在我看来是一个不可能有答案的问题。不可能还有别的什么东西，能和所有存在之物发生联系，并且能够为存在之物提供解释。在存在之物整体的层次上，可能没有"为什么"的问题了。在我们的经验世界内部，无法找到一个所有存在之物的充分解释，这一事实并不意味着这样的解释就必然外在于世界。或许根本就没有这样的解释。叔本华相信这一点。正是出于这一原因，在考虑终极实在的时候，具有人文精神的存在主义者会用"荒谬"这个词。他们可能是错的，但是，他们也可能是对的。然而，宗教的进路排除了这种可能性。

宗教的进路之所以搞错了，另一个原因在于，它无法对解释自身的发展历史提供一个完整的说明。解释在不断改变未知之物的范围。这就和一个更一般性的批评联系起来了——宗教会不可避免地假定太多的东西。哪怕是最开明、最变通、最具探索精神的宗教人士，也会假定自己在朝着正确的方向前进，但他们其实没有很好的理由。所有宗教都是对我们面对的未知的逃避或部分逃避。未知的就是未知的。任何先入之见都可能会破坏、阻挠洞察真相的努力。

不可知和不可理解的事物充盈在我们的经验世界之中，我们一直和它们共存。我们的生命对自己来说充满神秘，对别人来说也是如此。这些奇迹般的事情始于床笫之间，在每一个新生命的创造过程中不断发生。但我们并不理解生命或死亡。我们也不理解时间。世界的美让我们心生敬畏。当我们聆听伟大的音乐作品时，我们无意识间窥见了实在世界的内在本性。实体（noumenal）不仅仅站在经验世界外袖手旁观；过去与未来，这里或那里，它们一直在以各种方式产生经验。我们自身也是实体，我们自身也是某些方面不可理解的实体。"究竟是我们经验世界中的什么事物，使得你相信必然还存在别的东西？"对这个问题，我倾向于用"一切事物"来回答。世界自身，以及它独特的存在，都在向我们暗示其他现实之物的存在，以及它们不一样的存在秩序。我们真正的挑战是不得不在这个世界中生存并且死去，不能真正理解它，但又不能对这个事实视而不见。不管你喜不喜欢，这就是我们的困境。不仅如此，否认世界的神秘性或者拥抱超自然的解释，这两种方式都不能帮助我们摆脱困境。

理解经验

我们对他人的认识，总是始于相貌，始于她或他看起来是什么样子。对大多数熟人来说，这种视觉形象始终占据着主导地位，只要提起他们的名字，一个视觉形象便浮现于脑海。不过，这个形象并不是那个人的任何一部分，它只存在于观察者的眼睛和头脑中。它并非我们所观察的对象的组成部分。多数人难以想象自己在别人眼中的样子，这正是因为我们的外表既不是我们的存在本身，也不是我们自己能直接感知到的东西。这是在感官经验和事物的存在本身之间做出的典型区分。所有的经验都是如此。由于某个存在的知觉及概念表征与该存在本身有所区别，同一个对象有可能也确实常被不同的人以不同的方式领会。

一个先天性的盲人可能比其他人更加熟悉某人，哪怕他头脑中没有任何有关视觉形象的内容。我们的先天性盲人朋友不知道我们或者他们自己长什么样子，关于某人看起来是什么样子也没有概念，但在其他方面，他们和我们是一样的。他们与他们看不见的人，或与那些能形成视觉概念的人相比，没有什么区别。但在他们的直接经验中，并没有与"看着像"（look like）这个词对应的东西。在字面上，这个词只有在与视觉有关的时候才有内容和意义，但是，在宇宙过去的大部分时间里都没有视觉生物。或许在那

　　　　　　　　　　Chapter 4　理解经验

段漫长的时光中，宇宙的情形与现在相似，但是，它那时候看起来是什么样的呢？要么我们不能允许这个问题有任何意义，要么我们不得不说，它"看着"（looked）就像现在这样。

这一真理不仅适用于每种感官，也适用于每种心智能力。我们对事物的概念和理解并不是该事物的组成部分。它们唯一的"真实"是作为经验来说的：作为经验，它们确实是真实的，但经验完全依赖于我们的存在。经验不是一种独立的存在。在我们之外，确实有一个独立持存的现实，但这个现实不等同于经验。它与我们的能力相关。当我们理解某物时，这种理解处于而且必须处于感觉形式及理解范畴之中。我们的处境与飞行员相似，飞行员时时刻刻都在查看并解读仪表，关于他直接面对的具体事态，这些仪表提供了详细的信息。这些信息对飞行员来说非常真实且至关重要，但与仪表本身则完全是两码事。

如果你对我说："好吧。那么，这个与你相知相爱多年的女人，如果她并非你所知的那样，那么她是谁，或者她是什么？"我能给你的唯一诚实的答案是："我不知道。"她是不朽的灵魂吗？我不知道。她是一颗附着在有死躯体上的同样易逝的心灵吗？我不知道。她仅仅是一个物质实体吗？我不知道。关于我自己是什么我都无法回答，更别提她了。对熟悉事物的真正本质一无所知，乃是我们的常态，这种无知适用于所有我们所知的对象，包括其他人，也包括我们自己。

　　从某种角度来说，这是我们最难理解的事情。即使我们真的明白，必须根据自身认知世界的"装备"所提供的形式来把握事物，我们也很难不去设想，这些独立存在的事物与我们对它们的理解是一致的。面对这一挑战，我们的第一反应可能按照以下思路进行：首先，让我们想象一个不像人类那么复杂的感知对象。你可能会对我说："我只能根据可观察的特征，形成对那把椅子的概念——它的空间占有率，它从各个角度看起来是什么样子，我们坐在上面、撞到上面、拿起来、拍起它来是什么感觉，当我轻触或者一屁股坐上去时它所发出的声音；所有这些加上更仔细的调查所揭示的一切，包括测量和对其构造材料的科学分析。你不能指望我相信，所有这些特征互相独立，且彼此之间没有什么关联，它们只是碰巧凑在一起，让我碰巧产生有这么一个物体的错觉。这些特征必须存在于某物之中，从而，这把椅子若非如此，这些特征也就不会是这样。因而，我所记录的是椅子的结构、椅子的尺寸和重量、椅子的材料和颜色、椅子的表面和质地，这些都为我提供了椅子的全貌。通过这种方式，我对椅子的描绘与椅子本身相符。因此，

　　　　　　　　　　　　　　　Chapter 4　理解经验

我看不出有什么理由，说这把椅子不是我所看到的那样，或者不是我离开它后在脑海中所想到的那样。为什么物体不能就是我们把握、感知和想到的那个样子呢？若非如此，它们还能是怎样的？"

这一回应经不起追问。通过分析，在这种语境下，"像是"或"如同"这样的词是不可理解的。只有当两者同属于一个更一般的类别时，才能说某物与另一物相似。从字面意义上讲，没有任何一种颜色，能与某种不是颜色的东西相似：一种颜色只能与另一种颜色相似或不相似。任何类型的视觉材料，也只能与其他的视觉材料相像。一张照片可以与一幅风景画相像，但这只有在两者都是视觉材料的情况下成立。如果有人声称这两者的共同之处在于形式（早期维特根斯坦称之为逻辑形式），而且这种形式是抽象的，那么它就只有在与视觉材料相关的情况下才是可理解的，并且也只能是这种材料具有的特征。它不能独立于这些材料而存在，就像一个人的体形不能独立于其身体而存在。同样的道理也适用于意识中任何由其他感官和心智活动产生的东西：一个概念只能像另一个概念。基本上，我们正在讨论的这种反对意见的错误之处在于，它要求我们相信感觉材料本身可以像某种与感觉材料截然不同的东西（不仅是"像"，而且是一份"复制品"），同样，概念可以"像"某种与概念截然不同的东西。我们很容易犯这种错误，事实上也很难不犯，因为尽管可以怀疑我们的这些理解范畴，但我们无法为其找到合理的、站得住脚的替代品。

生活在一个充满物质对象的世界中，我们自然而然地将意识的内容物体化，把它们看作我们所理解的独立实体。通过这种方式，我们将一个独立的存在变成从属于我们的现象。我们看作椅子的东西，由从属于我们的特征组成——我们不能不这么做，因为我们没有其他获得椅子概念的方式。因此，一种错觉，或者说一种几乎不可抗的产生错觉的倾向（或许可以称之为实在论的错觉），就内在于人类的处境，是这种处境之逻辑本身的一部分。至少在大多数时候，我们必须从这个角度来思考。想要从中解脱几乎是不可能的。唯一可靠的做法是诉诸纯粹的智力手段[4]。这不仅要求自律，还需要空前地、真正大规模地解放理智的想象力，包括格式塔转换之类的东西。这要求我们理解，所有思考、感知和体验到的都是偶然的，它们的存在在逻辑上是不必要的，因为那些外在于我们的一

4　一些宗教的形而上学蕴含与我这里说的有共同之处，这些宗教训练其教众进行冥想，目的是让他们从实在论的错觉中解脱，但是，这种没有确切掌握其中涉及的理论基础的自我调节，在我看来似乎是不可取的。

　　　　　　　　　　　　　　Chapter 4　理解经验

切，无论其性质如何，没有了它们也照样存在。不仅不需要知觉和概念——在此之前，宇宙史中并没有过这些东西。事实上，除了生物，大多数存在物也与它们无关。现实不"像"，也不可能"像"表征或思想。

这种认识令人不安。相信某物以我们可理解的方式存在是一种深刻的需求，它根植于我们的生存需求。认识到事实并非如此，也不可能如此，会令人困惑不解，迷失方向。出于这些原因（以及其他原因），我们或许会发现：现实具有我们感知到的特征的这种想法，实在难以舍弃。大多数人，包括大多数哲学家，似乎永远不会放弃这一点。他们终其一生都被这样一个自相矛盾的假设所奴役：认识论的对象，我们在经验中理解的对象，独立于经验而存在。

因为想要跳到这个假设之"外"，需要的与其说是智力，不如说是一种极端自由而又易于掌握的智力想象力；即使是智力最高的人也难逃误解。这种想象力比智力更为罕见。最有天赋的创意艺术家具有这种想象力，伟大的作家也有，但我担心，没有多少学者能跻身此列。

如果独立的现实真的超出了任何我们能够拥有的经验，那么，这会对我们理解死亡产生深远的影响。因为死亡之后，我们将不再栖息于经验世界，经验世界也不再栖息于我们。但是，如果经验世界不是独立的现实，那么我们与独立现实之间的关系可能就不会结束。一直有许多宗教人士相信这一点。他们认为，生活在经验世界的这段时间，我们其实是被现实世界流放了，死后便会回到现实世界。这种说法可能有些道理，也可能没有，我不知道。它确实是一种可能性。然而，与之相应，还有另一种显而易见的可能性，它虽然也显而易见，但并不那么确定无疑，不过，许多人采纳了这种可能性。

所有实际经验都对应于一个主体，一个具有经验的有情众生。随着我的死亡，一个知觉存在所拥有的经验世界也走向终结。此外，随着身体的毁灭，我将不再作为一个客体存在于他人那些相互独立的经验世界之中。同样，其他个体的死亡也意味着一个独特的经验序列走向终结，他也将很快不再作为经验对象存在于其他人的世界中。然而，一个没有人的经验世界（或者我应该说没有心灵的经验世界）是不可能继续存在下去的，因为没有任何办法能做到这一点。一个只存在于经验中的世界，如果没有经验，就不可能存在。然而，似乎大多数人默认的一个假设是，即使没有人活着，我们所认识的世界也将继续存在。康德很清楚这是不可能的，他在一段话中驳斥了这种对其理论最常见的误解："若除去主观，或仅除去普泛所谓感官之主观的性质……空间与时间中所有对象之全部性质及一切关系，乃至空间与时间本身，皆将因而消灭。盖为现象，则不能自身独立存在，唯存在吾人心中。至对象之自身为何，及离去吾人所有感性之一切感受性，则完全非吾人之所能知者。吾人所知，仅为吾人所有'知觉此等对象之形相'——吾人所特有之一种形相，一切人类虽确具有，但非一切存在者皆必然具有者也。"[5]

任何提出"但经验世界当然可以在没有我们的情况下继续存在"这种抗议的人，完全没能理解康德。他虽然没有义务一定得同意康德的观点，但这位伟大哲人融贯且令人敬畏的观点足以表明，没有什么"当然"能构成对他的反驳；即使他错了，也不会是因为某个"当然"的理由。那些诉诸"当然"的人，他们所说的每个字都表明，他们不具备理解上述观点所需的理智想象力。如果有一天所有的经验主体都不复存在，而任何不是经验的东西将继续存在，那么根据定义，这些东西不可能构成一个经验世界。

我们无法形成任何关于死后"将会怎样"的观念，这种处境与我们无法将现在概念化有一些共同之

5　此处中译文参见康德：《纯粹理性批判》，蓝公武译，2017年，北京：商务印书馆，第69页。——译者注

处。除了自己的经验世界，我们无法对现在存在的众多经验世界形成任何概念。我们知道，此时此刻，有数十亿不同的意识正觉察着世界，我们知道每一个世界都是不同的；但这些同时发生的独特经验的总和，无法呈现在一个意识中，至少在这个世界里没有这样一种意识。薛定谔说，意识是单数形式，其复数是"未知的"，但我认为，他应该再加上"也是不可知的，尽管我们很清楚它存在。知道它如何，是归属于上帝的意识形式"。

在我死后，由我的知识、经验（和记忆）组成的独特的经验世界也将走到尽头。接下来会发生什么，将取决于两者的关系（如果有的话），这个关系的一方是我与我的经验世界，两者相辅相成，另一方是任何独立于它们存在的东西。有可能，我和我的经验世界将坠入虚无。但也不一定。现在呈现在我面前的虚无，或许就像打开口袋收音机前周围的空气一样具有欺骗性，或者像一个先天性盲人即将获得视力的视觉世界一样具有欺骗性。对此，我没什么信心（事实上非常怀疑），但这种可能性是存在的。

概念从何而来

本书的目的是尽可能直接地表达我对人类之基本境况的想法。这些想法主要出自对生活的回应，实际上，它们成了我生活中不可或缺的一部分。我曾广泛阅读他人的著作以寻求帮助，尤其是在我感到自己长期处于困惑之中的时候。重要的是，我确实从中得到了帮助。有几位作家对我形成自己的观点产生了重要的影响，他们帮助了我，拓展了我的视野，也使我免于犯错。然而，我首先关心的总是自身的存在境况，而不是别人写了什么；我总是试图厘清自己的想法而不是别人的想法，仅仅在其有助于我打磨自己的思想时，我才对别人的想法有强烈的兴趣。因此，我只是引用了一些（但为数不多）对我有所启发的哲学家的话，尽管我确实受益于他们为论辩而开发的词语。

在确定自己的基本立场时，我的思考始于字面意义上的私人经验，即身体的经验。有两点认识对我的影响尤其大。首先，我们的身体有这些装置——包括感觉器官、大脑和中枢神经系统等所有有形的、物质的东西——乃是偶然而非必然的。这些装置也可能是别的样子：有些知觉生物的感官装置与我们的有所差异，飞蛾可以嗅到一千米外的潜在伴侣，猞猁和鹰可以在超出人类肉眼可见的距离上看得清清楚楚；有些生物则拥有与我们完全不同的感官：蝙蝠有着类似声呐的装置，它们感知物体的方式与雷达的工作原理相

Chapter 5　概念从何而来

同。不难想象，我们本可以拥有这种感官，以及无数其他截然不同的感官。除了我们已有的对光线的感知，还可以加上无线电射线、电视射线、红外线和X射线。还有一些不可知的其他可能性，我们目前无法把握其概念，就像人类之前也无法将我提到的上述可能性概念化一样。如果能拥有这些感官，我们对周遭环境的感知的变化将是难以想象的。事实是，我们拥有五种基本感官：视觉、听觉、触觉、嗅觉和味觉；我们有大脑和中枢神经系统来转换、储存并利用这些感官提供给我们的信息。值得重申的是，所有这些装置都是物质的而不是抽象的：是一块块物质和以特定方式运作的物质器官组成了它们。

主要有两种增益感官运作的途径。首先，我们发明装置来扩展它们的作用范围。这种装置可不少。在视觉层面，我们制造了日常使用的眼镜，还有望远镜和显微镜，这些器材能让我们看到更远或更小的东西。在思考方面，我们制造的计算机可以在很短的时间内完成大脑穷其一生也很难完成的计算。其次，有的装置则专门用于接收和转换我们凭自身完全无法获得的信号——我已经提到了红外线、X射线、无线电射线和电视射线。在这些情况下，我们必须给装置配备仪表盘、计量表和打印输出设备等部件，以便将它们的发现转化为我们的身体器官可以理解的形式。这些人造设备的输出信息要为人所用，最后必须以一种我们的内置器官可触及并理解的形式传递给我们。最终，必须有一些我们可以看到、感觉到、听到、尝到或闻到的东西，以及一些我们的思想可以抓住的东西。否则，我们什么都理解不了。

这种考量使我最早认识到，我们可知的东西是有限的。第二点认识是，我们的感性形式与知性范畴，不可能独立于承载其运作模式的身体器官。概念是存在于心灵中的东西，所以如果没有心灵就不可能有概念。对人类来说，没有大脑就没有思想，就像没有肠胃就无法消化一样。我们或许已经制造出了帮助消化或计算的机器，但发明、制造机器的是我们自己，这样做是为了满足我们的需要。我们根据需要构建机器，使机器的功能和输出能够被我们的感官和心灵理解。如果没有眼睛，机器就无法提供视觉数据；如果没有听觉器官，听觉数据便毫无意义；如果没有触觉，也就不能说任何东西是有形的。无论借助于何种技术或理论，我们用以感知或构想任何事物的形式和范畴，其最终的可理解性都取决于身体器官的本质，而这些本质是偶然的。事实上，为了服务于我们，我们的感官也有所演化。

由这些前提可得出第一级的结论。我们永远只能以我们可使用的形式和范畴来形成关于任何事物的

　　　　　　　　　　Chapter 5　概念从何而来

概念。我们只能在我们拥有的理解模式中理解，而这些模式都是偶然的、极其有限的。"概念"和"理解"这两个词本身就是依赖于心灵的实体。据我们所知，直到最近这一小段微不足道的时间之前，我们认识的宇宙历史中根本没有心灵这种东西，就我们所知而言，它现在也只存在于这个星球上。因此，尽管测量宇宙间距离的标准是光年，且宇宙中的大部分天体都相距数百万光年，但是，如果进化论大致是正确的，那么唯一能够对事物有所理解的身体和心智器官直到最近才出现，并且是为了能让生物体在这个星球的地壳或其附近生存才出现的。我们无法脱离自身的组织器官。事实上，就某种意义而言，我们即为我们的器官。

必须澄清，我并不是说我们将事物或事态看作是依赖于心灵的。我不是这个意思。我说的是概念本身（而不是概念之所指）依赖于心灵。一些批评认为我将两者混为一谈，但实际上是他们自己混淆了两者。我们能够并且确实认为事物是独立于我们自己和我们的心灵而存在的。大多数时候，我们的很大一部分概念是关于那些独立于我们自己和我们的心灵而存在的事物的。但是概念本身的存在不可能独立于我们。概念不可避免地存在于心灵当中，或者来源于心灵——即使这些概念之所指通常不在心灵中。概念的存在，以及它们的本质和功能，都受制于对心灵的依赖。

"时间"的概念并不是时间，就像"桌子"这个概念不是一张桌子。对经验世界的研究不同于对概念的研究，尽管上百年来，哲学都苦于对这两者的高度混淆。我一直强调，现实（实在及其实际情况）与我们和我们的概念无关，因此也与语言无关。但我也强调，我们人类形成的关于现实的概念无可避免地依赖于心灵。概念只能是那些有可能被概念化的事物的概念，就具体的经验现实而言，这就排除了经验可能性之外的东西（如果经验还涵盖了可以根据经验推断或想象的东西）。举例来说，我们不能将一种新的原色概念化。我们可以清楚且有意义地思考，可能有一种（对人类来说）新的原色，但我们无法将任何这样一种实际的颜色概念化。经验概念的重要意义总是受制于经验。既然我们的世界观不能独立于人类器官，既然宇宙在有心灵之前就已经存在了很久很久，既然宇宙无限延伸，无论是在空间上还是在时间上都远超我们的知识范围，那么可以肯定的是，一定存在多到超乎想象的、我们的感觉器官无法领会的现实。那些独立于我们的存在——就其自身之存在独立于我们的理解而言——不以我们的官能、经验和想象力所呈现的形式存在，因为所有这些都依赖于我们。就其本身而言，现实的存在方式对我们来说一定是不可理解的。

甚至我们自身的存在方式也是如此。

我们的概念只能从已有的资源得出，这是唯一的途径，事实就是如此，别无选择。只有通过我们所掌握的这些手段，我们才能理解任何事情。我们所获得的这幅世界图景完全以我们能够看到、听到、感觉到、尝到和嗅到的东西为基础，加上能思考、推断、记忆、记录、假设、推测、直觉、发明、计算的东西，以及能从这些东西中拼凑想象出的东西，就好像现实本身也无异于我们的感官机能所构造的样子。我们对一切事物的观念，归根结底是由我们的感官所能传递或推测的东西组成的，因此也就主要是一些真实的或想象的心智内容和感觉材料。我们只能想象可想象的东西，可想象的东西的范围决定了想象的界限，所有存在着的以及可能存在的东西显然都在其中，因为在此之外，没有任何东西能被想象了。

我正力求澄清的这一观点，理解起来并不容易。我想说的不仅仅是一定有许多不可知的东西，我还想强调的是，认识本身，不论以何种方式（包括任何可能存在的范畴），都偶然地取决于我们所拥有的组织器官，其形式也依器官所能采取的形式而定。不仅如此，这套组织器官本身也是偶然的，由一堆物质组合在一起，在经验环境中不断演化而成。如果有什么东西是独立于我们而存在的，那么它的这种独立性是指，它不存在于我们偶然拥有或可能拥有的这样一套组织器官的机能和范畴中。

既然如此，认为不可设想的就是不存在的，乃是一个谬误。是否可设想取决于设想能力，但是否存在则与设想能力无关。我们的理解依赖于组织器官的这一事实，是关于我们和我们的理解能力的事实，与独立于我们的存在无关。这仅仅意味着，我们不能理解除此以外的东西，而不意味着除此以外的东西是不存在的。这些东西可能存在，只是我们无法与之接触。正如，如果所有生物都没有眼睛，视觉世界将永远与任何可能的概念化无缘，这一点同样适用于许多我们有可能偶然拥有但实际并没有的感官和心智能力，与这些能力相关的所有世界也将永远与我们隔绝。这样的世界肯定就在"那里"，就像视觉世界在"这里"一样。想必这些世界也同视觉世界一样就在我们身边，但我们对其一无所知。

关于那些我们不知道的事物，科技提供了富有启发性的线索。我正巧在这个空荡荡的房间里写作，周围没有其他人。我的住所地处偏僻，周围一片寂静。当我坐在书桌前，充塞四周并围绕着我的是空气，当我写作时，我的视线与纸张之间也无阻隔。然而，就在切近的历史中，无线电技术使我知道周围的空气并不是空的或安静的，它充满了音乐（交响乐、爵士乐和独奏曲），也充满了谈话声（英语、荷兰语、法语、德语和其他语言），所有这些仅凭我的身体是感知不到的。如果我从口袋里拿出一个微型晶体管收音机并打开它，所有这些就会从四周所谓的"空"间里涌现。在这个房间里，它无处不在，也充塞在我的眼睛和纸张之间。世界上的每一对情侣，当两人轻声细语时，在那相隔仅一寸的两只鼻子之间，这一切也在发生。无时无刻，无处不在。我们当然知道这一切，但若是没有无线电接收器，我们就没有任何"接收"它的手段，那样的话就好像什么也没有发生。如此一来，我们所触及的就是沉默与虚无。直到无线电的概念出现之前，似乎没有人想到过它或它存在的可能性，然而实际上它一直存在。如今，我们可以接收到来自遥远星系的无线电信号，而这些信号的存在贯穿了整个人类历史。只有上帝知道我们的四周还有何种存在，我们对此则一无所知。

在我大部分的生活中，我接触的圈子有一种普遍的倾向，即将事物是什么样的或可能是什么样的与人类所能知道或设想的东西画等号。我在牛津大学时，一位哲学导师告诉我，"世界"这个词既可以指存在之总体，也可以指可能经验之总体，这二者是相同的，但必须对两者进行逻辑上的区分。等我自己在牛津大学教授哲学时，我一直试图让我的学生们都能明白这一点。这对他们来说相当困难，有些人甚至从未理解，而这些人还算是他们这一辈中最聪明的。对包括我自己在内的所有人来说，还有一件困难的事情，就是清楚明白地认识到，我们的心灵对我们所体验到的世界的状态（经验世界）的影响。我们必须明白，现实情况有无数种方式超越我们可想象的极限，任何一种方式都将构成一个即使凭借天马行空的想象也无法触及的领域。这向我们的心智提出了极端困难的要求，或许应该说是对我们的理智想象能力提出了极高的要求；因为我发现，一些智力极高的人也无法满足这些要求，这表明仅靠智力是不够的。往往是那些有艺术天赋的人最能满足这种要求，但这种天赋和智力之间没有必然的联系。许多人会认为上述这种观点似乎不可理喻、颇为怪异或令人难以置信，抑或认为它在任何情况下都显然是错误的。无论是在各个层级的学术圈中还是在那之外，理智想象的天赋都是罕见的。大多数人，无论有多聪明，都永远无法摆脱一种强烈的自然倾向：将依赖于我们的形式和范畴归于独立于我们存在的事物，这使得他们将自我矛盾归咎于那些做出了区分的人。

到此为止，理解我这些论证的人应该已经明白（如果之前还不甚清楚的话），我们只在某些很不寻常以至于令人难以置信的情况中，才能理解存在的一

　　　　　　　　　　Chapter 5　概念从何而来

切。一组这样的情况是，一切存在物本身就是由心灵创造的，要么是我们的心灵，要么是一个囊括了我们的高级心灵，比如上帝的心灵——一个创造了我们并将我们与其他创造物联系起来的上帝。哲学家费希特的观点与第一种观点相似，贝克莱的观点与第二种观点相似。我认为他们的想法都很大胆，也因此令人兴奋、振奋，却难以令人信服。他们谁也没有解释，哪怕只是尝试去解释那个创造了其他一切存在的存在，毕竟上帝的存在不能用上帝的存在来解释。

　　关于为什么我们原则上可以知道一切，另一种解释声称，我们为理解外部环境所发展出的组织器官，是通过与环境相互作用演化而来的，并使我们能够在其中生存；我们得以生存下来的事实表明，我们的知识确实符合现实，即便算不上完美贴合。这种解释实在言过其实。身体器官的演化是在与我们已知存在的大部分东西（比如外太空）没有任何接触的情况下进行的，我们现在的身体显然无法在那里生存。我们只适合在这个星球的表面上生存，在其他任何我们所知道的环境中则无法生存，除非我们能够将自己封闭在阻隔外界的人工罩子里，并利用这个人造环境移动，比如深海舱、潜水艇、增压飞机或宇宙飞船。

　　主张我们可以通过偶然拥有的资源（加上我们能发明出来的东西）来理解一切事物的那些观点中，最有可能成立的一点是：尽管身体器官是在没能接触到大多数已知实在的情况下演化而来的，而且那些实在会摧毁我们的身体；然而，纯粹出于巧合，身体器官发展出了我们要理解这些实在所需要的一切。但即使有人这样说了，也只能表明这种观点的不可信简直不言而喻，这就像是一种没有根据的信仰。从逻辑上讲，它有可能为真，但我们无法从逻辑上给出接受它的理由。如果这是真的，那么这将是一个与宇宙共存的巧合。它之为真，尽管在逻辑上有可能，却是极其不可能的，也是永远不可知的。因此，我们将不得不接受这样一种观点：现实总体包括我们能够理解的部分，以及无法理解的部分。

所有生物的潜能都受到其本性的制约，这一点对于人类来说是显而易见的，但论及人类自身时，这一点就不那么明显了。我们理所当然地认为，其他所有造物，无论多么聪明，都无法理解我们所理解的东西的哪怕一小部分。我们也正确地认识到，它们每一个都被封闭在自己本性所使之可能的世界里。狗被封闭在狗性的世界里，受限于狗的视角，逃脱不得。即使是前所未有的最聪明的狗，也只能做到和理解狗所能做到和理解的事情。海豚具有惊人的智慧，但是海豚如何能够在其水世界中，理解我们所知道的非水世界中的一小部分呢？即使是最具创造力的猩猩，猩猩中

　　　　　　　　　　Chapter 5　概念从何而来

的爱因斯坦，也不可能理解复式记账的原理、读懂管弦乐谱，或掌握三种人类语言。要是有人声称，非人的自然生物在原则上能够理解任何事物，那一定是胡说八道。然而，轮到人类时，人们不仅预设其为真，还明确断言了这一点。他们似乎无法真正理解为何事实并非如此。要理解这一点，就要经由反思认识到：与其他动物一样，人类也只是动物王国之演化进程的一个阶段。不过，我的论点是否有效并不取决于这个事实（如果这是事实的话）。无论我们的起源是什么，我们的本性对我们施加的限制都不可能被超越。如果是这样的话，那么几乎可以肯定，就像狗、海豚、猩猩和其他所有生物一样，对人类来说存在着完整的不可知的宇宙。由此类推，大量现实永远存在于狗、海豚或猩猩认知范围之外的原因，同样适用于我们。

必须强调，这一结论完全是通过理性思考得出的。之所以必须强调，是因为许多人做出了相反的假设。人们不仅相信，现实总体包括我们所知道的或能知道的，此外别无其他，而且相信，任何与之相对的观点都是某种宗教信仰，或是对神秘学或超自然现象的信念。宗教人士本身就有这样的倾向，即假定你不信教，那么你只相信有经验世界存在，而如果你相信除了经验世界，还有别的存在，你就有了宗教倾向。这两种观点都大错特错。无论人类是否不仅仅是物质对象，上帝是否存在，或是否存在任何类型的精神领域，我们的论点都是有效的。任何坚持理性的人都不难得出我们的结论。碰巧，我自己就是关于上帝、灵魂和精神领域存在的不可知论者，但即使这样说，也为无关紧要之事留了一扇门。我自己在思考不可知之事时，最常使用的模型是先天性盲人的视觉世界，这个视觉世界始终围绕着我们，没有"精神"，没有宗教，没有超自然，但就这么存在着。在我看来，这正是我们所有人面对大多数实在时的境况。无论宗教人士还是非宗教人士都需要明白，一种超越可理解限度的现实观念是完全理性的。

对于许多人来说，这一洞见虽然能靠头脑获得，却仍然无法被吸收到我们实际看待事物、感受事物、对事物做出反应的方式之中。这样的真理有很多。当我坐在这里写下这些文字的时候，我知道自己处在一个围绕太阳公转同时自转的球体表面。这是关于我的空间位置的最基本真理，然而无论我多么努力地尝试，我都无法看到或感觉到这一点。我知道，我伏案写作的这张棕色木桌——如此坚硬、稳定、耐用——由数十亿无色的、处于永久运动状态中的分子组成，这些分子又由次原子粒子组成，它们以接近光速的速度无休止地运动；而到目前为止，这张桌子占据的空间大部分是空的。但是，我很难长久地这么思考这张桌子，因为我总是把它认成我熟悉的棕色实心书桌。我知道我的每一位亲朋好友都是由肉、内脏和骨头组成的，就像我在屠宰场或医学博物馆里看到的那样：一个肝、一个胃、一个心脏、两个肾、两片肺、一个大脑、皮肤、好几米长的肠道、一副骨架，以及所有其他的东西，但是我发现，我几乎不能坚持以这种方式看到或想到他们，而且我完全不可能按照这样的方式设想他们。人类处境的基本原理大多如此。这些原理并非不证自明，甚至多数时候非常不明显，以至于第一次指出其中一点的人能因此名垂青史。在这样的人指出它们之前，其余人毫无察觉。即使知道了，我们也不能长时间如其所言地将其记在心间。这并不妨碍他所说的确实是真的，无论其余我们这些人对天文学、量子物理或解剖学的了解有多么贫瘠、我们对他的揭示有多么漠然，他所说的仍然是真的。

在我看来，哲学中最重要的真理就是这一真理，而且它同所有真理一样没有宗教上的蕴含。无论这一点理解起来多么困难，但大部分现实对我们来说确实是不可知的，而且无法概念化，因为它超出了理解的可能性。

个人反思

我打小就对周围发生的事情异常好奇，常常会注意到某件事，然后想要吸收它、理解它。吸收、理解的强烈感觉令人兴奋，这是种非常愉快的体验，我总是很享受。我就像是个看马戏的孩子，一直惊异于所见所闻。这些事物的存在本身，就足以令我发觉其惊奇有趣之处。

　　没有什么事是理所当然的。于是，我开始很自然地用根植于本性的好奇心提问：为什么球会弹起来，但其他东西不会？为什么自行车骑起来就不会倒，一停下却会倒？天上的星星有什么用？为什么事物是我们看到的那样（毕竟它们完全有可能是另一副模样）？在这些强烈感觉的影响下，我认为，事物是不稳定、不可靠的。如果我一直盯着，事物就还会是原来的样子，但如果我转过头，再回头看时，它们可能已经有所改变。

　　由于我总在提问，我也就总是收到对这些问题的解释。不过，除非我本来就是顺着某个解释的思路思考的，否则那些解释同样令我惊奇。于是，我开始为解释做准备。一位阿姨告诉我，当我还是个小男孩的时候，我在海边划了一会儿船，然后便问她，那些"海底"的石头是干什么用的。在沉默了很长时间之后，她仍不知道该说些什么。于是，我猜测道："我想它们是用来阻止水流出去的。"当我开始进行这种思

　　　　　　　　　　　　　Chapter 6　个人反思

考后，我定然意识到，有些解释可能是错的。不久后我便发现，大人们给我的一些解释确实是错的。

从音乐那里，我第一次觉察到，自己接触了一种与众不同的存在方式。我被音乐声击中，愣在原地，仿佛听到的是狗或马在开口说话。虽然这声音来自别处——并非出自我自己，但它不同于其他来自别处的声音，因为这种感受比一般的对声音的经验更直接、更即时。音乐来自别处，却又传入心间，仿佛是内在于我的某个东西在与我对话。远离了外部世界之后，原本隐于内在的东西得以显现，直接与自身对话。其他形式的交流都以语言为媒介，音乐的交流则仅靠其自身。就音乐自身而言，它与文字无关。音乐是先于语词存在的元素。音乐是内在存在（inner being）。

十岁之后，我开始接触成年人的戏院和歌剧院。从那时起，我便不仅把这种体验与音乐联系起来，而且与最好的戏剧，尤其是与歌剧和莎士比亚联系起来。到了青春期，我在读诗时又感受到了音乐的存在。后来我发现，这就是大人们所说的"艺术"。阅读小说时，我也捕捉到了它的弦外之音。我发现自己越来越多地接触到生活的内在现实，它们在表象之下，不为肉眼所见，但比肉眼可见之物更有力量，是更能直接触动心灵的东西。

在往后所有的感受中，唯一与之相似的就是性经验。自青春期以来，我在性高潮与听音乐方面的感受有许多共同之处，没有什么感受比它们更紧张强烈的了。不仅如此，它们也都被直接地、准确无误地归为自然秩序之外的事物。它们并非来自这个世界。它们只是突然不由分说地闯入、降临。

由于我现在正在尝试的是一项不可能完成的任务——用语言来表述这些感受，或许我应当说清楚，这些感受本身完全是非语言的。在这些体验中，没有任何一种与文字有关，也没有语言能够将这些感受令人满意地表述出来——即使是那些由文字类的艺术作品（如戏剧和诗歌）所引发的感受。我的一生直接体验了这些感受的不可言传，我深知交流和讨论的尝试总会遭遇失败。考虑到语言的匮乏，并且考虑到一个更基本的事实，即语言中指涉经验的概念本身源于经验（这再次显示出经验本身不由语言负载），那么，真正深刻的感受必然是非语言的。语言只能近似地用来表示那些我们已经（或即将）熟悉的想法和感受，其余的都不可翻译。在试图传达这些信息的过程中，人们意欲通过不恰当的手段实现一个无法实现的目标；拥有实现目标的希望，至少比一无所有要好些。

独特的、直接的、非语言的感受是我们生活的基本元素，与只能在普遍性中进行的概念思维有着根本的不同。这就是为什么艺术作品会表现出无法用语言表达，也无法用概念思维反映的独特细节和见解。艺术作品植根于生活，也无法被翻译。因此，如果一个人总是优先采用理智应对艺术作品，那么他已然误解了它。

在我的精神生活中，语言总是姗姗来迟。直到十几岁的时候，我的内心世界都主要由其他类型的关注和活动构成，它们主要是感知觉上的、情绪上的和肢体上的活动。语言始于外部世界。如果我想和其他人交流，我就必须把想说的用语言表达出来，通过语言与人们交流。这一直以来都是件难事。这是一场无休无止的与语词的斗争。但是，所有未说出口的东西仍未被概念化，在我的内部，我和我的独特体验之间没有中介。我直接身处其间，处在它们之中，我就是这些体验本身：我是我的感知，是我对这些体验的反应，是我的情绪、记忆和感觉。它们填满了我的意识，并构成了我的自我意识。当我听音乐的时候，我即是音乐。

我仍然记得概念是如何入侵到感受之中的，这并不总是让人愉快。它们把我从对当下体验的沉醉中解放出来，使我能够做以前做不到的事情；但同时它们也妨碍了我。在我与那些本该是独一无二的直接感受之间，概念的抽象性和一般性插入进来，并且弱化了随后的感受。我不再与经验直接接触，不再无意识地生活于其中，不再成为经验本身。概念介入、重塑了自我意识。因为概念处在我和经验之间，经验在这个意义上被推开了，于是我与它们渐渐疏远，尽管它们仍然内在于我。自那时起，我一直生活在这种双重性之中，自我意识的一部分是关于存在的，一部分是关于概念的。尽管到目前为止，更深层次、更丰富的部分仍是关于存在的、前概念的、前语言的。这就是音乐的所在，也是直觉和洞察力的根基，它们不会被概念化的一般化过程玷污。只有在这个层面上，才能获得未被玷污的理解，尽管，由于概念的侵入，这种理解有时难以企及。必须从这个层面出发，原初性和创造性才能进入我们已被概念化的头脑之中；概念的衍生性决定这种基本的心智变化只能朝这个方向进行。我们最深刻的直觉，不仅关乎艺术，也关乎人，关乎联结、情感、道德。我们有意识的觉知也好，生活的存在本身也好，都在这里。这些事情无法由语言充分表达，这对大多数人来说都是不言自明的，而对那些无法理解这一点的人来说，他们的内在世界多少有些贫瘠。同其他人一样，我不得不带着这样的困扰生活，即所有最重要的事情都无法被谈论。不仅是我在前面列举的那些，每个人最真实的对活着的意识也是如此，这暗示了存在外在于我们的现实，也预言了我们注定从这个世界消亡。我们已经清楚地意识到这种种事实，却无法将它们概念化，也无法用语言来表达。我们无情地驱使着语言，使其尽可能地完成力所能及的工作。我们努力使语言接近我们想要表达的意思，接着在我们感受的和希望为正确的方向上，辅以超出语义的手势。我们无法让语言做到全力以赴包含所有我们想要表达的东西，除非通过艺术作品。那么，并不是文字背负的概念传达了我们的意思，而是艺术作品，它展现了一种无法言说的意义。

终此一生，我都活在一种意识超越了物质世界的鲜活感觉之中。如果这种感觉是对的，就我们直接体验到的而言，意识的对象不可能是惰性的物质。就拿人类这样的物质对象来说，这个事实再显然不过了。我和他人建立的种种关系都告诉我，我并不只是和一个物质对象交往。首先，与我建立关系的对象是另一种存在，好像是在物质对象的"内部"存在着的某种东西。我给"内部"这个词加上引号，以提醒我自己和读者，这是一个比喻，我并不认为与我交往的是某个占据了他人身体内某个空间的东西。与我交往的是一些非空间的东西，是这个人的独特个性和生活。生活，同意识一样，超越了物质。可以说，这个人自"别处"而来，在途中与我相遇（我也与他或她相遇）。这与两个物质对象之间的接触是多么不同啊！音乐也是如此，对我来说，音乐比人更重要。虽然（物质性的）乐器是发出声音的必要手段，空气是将声音传入耳中的必要条件，但乐器和空气仅仅是中介：音乐本身既不是气体也不是木头。同理，音乐这个我在内部与之相遇的东西也不是物质的。不过，我需要通过物理的媒介才能与之接触，我需要耳朵和中枢神经系统。但它们与音乐的关系，并不会比木头与小提琴之间的关系更复杂。在与音乐的互动中，就像我们与人的交往一样，在我们之"内"的本体直接与在我们之"外"的本体接触。

我知道有些人会认为，全部的现实乃至他们的内部世界（如果他们认为自己有的话）都是可以用语言表达清楚的。这些人倾向于认为，如果有什么东西不能被描述，那么这种东西就缺乏确定性，是模糊的。恰恰相反。存在的实体、事件和情境都是独一无二的，个体的感知和经验也是如此。由于不可能有那么多不同的语词与之一一对应，我们必须以一般性的方式使用语词。因此，语言本身就缺乏独特性。相信一切有意义的事物都可以用语言来表达的人，他们的生活必定具有与语言类似的一般性特征，他们的经验依托于一般性术语。（值得注意的是，有相当高比例的学者和文学爱好者对音乐不怎么感兴趣。）

我第一次想要表达自己对生活最深刻的理解，是在创作诗歌的过程中，从无意识的深处唤起的欲望。

我发表过一些愚蠢的诗歌，虽然现在后悔，但仍然让我感到有意思的是，这些诗歌总是以完整的形式进入我的意识。其中一些诗句按照传统的诗节格律押韵，但这一切都不是构想出来的。这些诗在我无意识的心灵中构建了自己，然后以已然成形的样子展示给我，就像彼时我错综复杂的梦境一般。我所做的只是有意识地把它们写下来。如今，更让我惊奇的是这些诗句表达的见解。例如，有一首诗是这样写的：

> 我相信（此刻我开口言说
>
> 不仅为了自己，也为了你们，
>
> 你们这些倾听着的人，以及所有
>
> 不善言辞的人）是我们创造了
>
> 永恒。我们并非天生拥有
>
> 不朽的灵魂：灵魂必须锻造。
>
> 失败就意味着死亡。大多数人都会
>
> 死去。来世就在此处
>
> 待你追寻，但只能痛苦地
>
> 实现。不劳而获绝无可能；
>
> 终此一生你都将向死而生，
>
> 不断迈向死亡。所以敏感而且
>
> 恐惧，恐惧英年早逝，恐惧
>
> 言不尽意。为了活着，

理智的人需要的是运气，好运；

正义从不缺席。

这些不是我想出来的。我完全没有思考。它直接这样出现在我的脑海里，而我只是把它写下来。然后，像其他读者一样，我必须读读它，看看它是什么意思，我是否理解。直到这时，我才想到一个问题："真的吗？诗的开头是'我相信'，但我真的相信吗？"我十八岁写下这首诗时，我还不知道这个问题的答案是什么。但是就在我面前的书页上，这些诗句由某种程度上的自我强行构建而来，是我的意识从未企及之处。

如今，作为一个成熟的成年人，我不禁联想到爱因斯坦的断言：我们的科学理解源于基本洞察，这些洞察无法通过逻辑思维或观察获得，只能通过对事物的感受（Einfühlung）、直觉和创造行为获得。正如读者已经知道的那样，我认为，这一点对呈现在我们面前的物理世界而言是真的，对世俗世界中的个人生活而言也是如此，包括艺术所呈现的现实和道德的要求：在所有情况下，最重要的真理都无法通过任何常识或科学观察，也无法通过逻辑思维来企及，只能通过强烈感受所推动的深刻的洞察力和直觉来达到。对于这些洞察或直觉，当然总是可以合理地提出以下问题："我们如何能够确定它们是有效的，而不是误导性的？"在这一点上，整个批判性评估的武器库应该担起责任来。然而，仅靠批判性思维或者分析性思维，无法回答我们的问题。这就是为什么那些认为所有哲学都应该是分析哲学的哲学家，也会认为没有真正的哲学问题，只有待解开的谜题。他们的口号是"不是解决问题，而是消解问题本身"。

在人们看待现实的观点中，每个人看待和回应事物的方式由他的个性决定，与事实本身无关。最常见的例子是，乐观主义者喝酒时看着酒瓶想："太好了，还有一半。"而和他一起喝酒的悲观主义者却想："天哪，只剩一半了。"这两个人面临完全相同的现实，而且每个人所想的在事实层面上也是正确的。他们在事实上达成了一致。然而，他们看待事实的方式，以及他们对事实的反应，几乎是相反的。我们天然拥有这种差异，这种差异的形式可以比我的例子微妙得多。我们对自己所栖居的世界的感受也因此不同。

我从叔本华那里学到的最多，他在这方面的感受与我的几乎完全相反。我一直觉得活着很美妙。我有意识地享受着存在。直到进入晚年，我对生命的依恋依然如此强烈，以至于我理所当然地认为，活着无论如何比死亡要好。读者可能会合理地怀疑，如果我被一种痛苦的、无法治愈的慢性疾病击倒，或者发现自己身处奥斯维辛集中营，我是否还会坚持这种态度，但我真诚地认为我很可能会坚持。在前面那些情况中，有的人确实会保持乐观，而我内心深处相信，年轻时的自己可能就是这样一个人。尽管如此，在实际生活中，我也总是非常积极，认为世界是一个奇迹，活在其中令人兴奋。即使是最简单的生活也能使我感到满足：哪怕就是四处走走，看看风景，与人邂逅，时而坐下歇息，吃吃喝喝，再聊聊天。我生命中最大的亮点，也不过是这些活动的升级版：出国旅行，欣赏世界上最美丽的风景，探索大都市，遇见有趣的人。对生命如同奇迹的感受，不是对生命某个方面的反应，而是对生命存在这个事实本身的反应。存在（existence）令人难以置信、难以理解。没有什么可以解释存在——这里当然不是指上帝的存在，因为上帝的存在必须得到解释，而这会导致无穷倒退。存在本身，即任何事物存在的事实，是无法完全得到解释的。我对此有一种双重的惊奇感，虽然无法解释，但这种无法解释也是真实的。

无法解释的不仅仅是存在本身。尽管人们根本不会期待任何事物的存在，但如果一定要有什么存在的话，人们会认为它是随意的，一片混沌，一团混乱，总之，是一个杂乱无章的东西。但事实并非如此。周遭所有的自然物体都以我们可理解的方式构建起来。

　　　　　　　　　　　Chapter 6　个人反思

可理解的不仅是结构，还包括这些结构之间的特定秩序，一直到已知物质宇宙的最外层极限。我们已经知道有数十亿的天体存在，无论是在它们的内部结构还是它们相对于其他天体的运动中，都存在一种如此明显和精确的秩序，以至于可以用数学方程式来表达，这使得我们能够对它们的运动做出准确的预测。更重要的是，我们人类是由同样的物质组成的：我们和它们都是由原子组成的，而这些原子又有着相同的内部结构。这看起来就像是某种难以理解的庞然大物，它具有某种凝聚力和同一性，而它的结构特征可以为人类大脑所理解。

我自己所了解的那一小部分物质世界，即我生活的世界，是如此结构化和有序，因为它是相对稳定的。正如我所说，我只是在两个不可理解之物的相互作用中认识世界——一个不可达及的自我和一个不可达及的、独立于我存在的现实。但尤其不寻常的是，这两个难以理解之物之间的互动世界，能够被理性理解。理性在这个互动世界中占据支配地位。迄今为止，这里一直是它的主场。

我们很容易将对意识的觉知等同于自我的同一性，然而，只要稍加反思，就会发现事实并非如此。每天晚上我们都会在等待睡着的过程中逐渐失去意识，但是，我们当然不希望或不认为我们的同一性因此被悬搁——如果我们是这样认为的，那么我们就会害怕入睡。因此，尽管在心灵中有意识的那部分，我们会将个人同一性与意识等同起来，但在身体中更广阔、更重要的部分，在位于这一层次之下的地方，我们知道事实并非如此，并且对知道这一点感到自在，毫无芥蒂地与之共生。大多数人对于人类个体生命的神圣性的直觉，与意识的神圣性毫无关联。即便如此，意识仍然有一种特殊的魔力。除了存在本身，当数意识最为绝妙。尽管这两者经常被混淆，但一旦区分开来，它们又是如此不同。大多数存在物都是无意识的。人类对于意识是什么有直接的知识——虽然不理解，但我们对于存在是什么则一无所知：我们既不了解独立于我们的存在，也不懂我们自身是什么存在。

当我试图用语言表达我的意识体验时，总有难以解答的困惑。意识是我最直接拥有的东西：我对它知根知底——事实上，只有通过它，我才能知道别的东西。我可以将意识描述为"对什么的意识"，但我无法表达"意识本身"。即使是最微小的尝试，语词很快也会从它身上移开。就我所知，对活着的纯粹体验就是这种无法表达的意识。同存在一样，根本无法想象出任何对它可能的解释。也许，对于这类事物，我们的问题不再应该是"为什么"或"如何"。也许它们就是这般存在。毕竟，看上去有些东西似乎必须存在。

不过，我肯定不是那种东西。我不是必定存在。至少从时间上看，在我被怀上之前，似乎在一段难以想象的漫长时光中，我并不存在。这意味着，我不能想当然地认为，我的一切在死后还会继续存在。如果真有什么能够持存，那么，就我即将面临的未来看，这将是难以置信的幸运。我的躯体在未来将不复存在，这已经是既定的事实，所以，除了这具躯体，任何能够继续存在的东西都必须是非物质的。那会是什么？会不会就是我所拥有的这个绝妙的、无法被定义的意识呢？事实上，每天晚上我睡觉的时候，它都会规律性地被悬搁起来，因此不难想象，它有可能会被永久悬搁，尤其是当我考虑到意识对大脑和中枢神经系统的明显依赖，而这两者都注定要瓦解的时候。如果有什么能幸存下来，它可能不仅仅是非物质的，而且是无意识的。这不好理解，特别是在我现在还有意识的时候。因此，就我所能理解的来说，我继续存在的概率微乎其微。尽管如此，仍有一线存活的希望。然而，这似乎与我所能理解的事情相悖，但无法生存的这种可能性，我再清楚不过了。

既然如此，我害怕死亡。让我害怕的是永久的湮没的未来。我不需要关于永久的湮没的解释，它本身并不可怕，因为它并不是任何东西。关键在于，这种前途令人恐惧。这让我害怕了一辈子。倘若告诉我情况会变得和我出生之前一样，就是告诉我一个谎言。在我死后，湮没意味着永久地消灭一个曾经活着的独特的人，这与我生前本不存在的东西没有任何相似之处。这是一个活生生的、有意识的存在的毁灭，而这对于有意识的存在来说是如此可怕。有相当多的人竟不明白这一点，我感到非常奇怪。

然而，我确实发现，随着我所能失去的生活及其质量的减少，我对死亡的恐惧也逐渐变弱。年轻的时候，生活就像一场盛宴，我自比美食家，靠着一场场宴会行走四方。那时候，剥夺这丰饶的前景会引发惊慌。但是现在，我已八十有余，生活不再是一个丰饶的角落，它变得更加普通。它将被剥夺的前景没有什么会令人苦恼的。年轻时，死亡意味着失去整个未来，不仅是希望、梦想和雄心，还包括我在未来几十年将过的种种实际生活。现在，我剩的都谈不上什么十年了。我耗尽了它们。无论好坏，我都已经活过了自己的人生。幸运的是，我的人生过得还算长久，其中包含了相当多的机缘巧合，所以我没什么可抱怨的。我是否好好地过这一生，完全取决于我自己。如果我没有，那便是我的错。在日日夜夜的生活中，我所面临的，已经从死亡与过度充实的生活之间的选择，转变为死亡与高龄之间的选择。这种差别已是今非昔比。我并不是说我现在能平静地思考死亡——我不能。但是，我对它的恐惧已经不像从前那样尖锐了。这似乎有些自相矛盾，毕竟我离它更近了。但事实就是如此。

撇开我的无知，如果我被迫押上一切赌一把，选择在我死后会发生什么，我会选择湮没，毁灭。如果我错了（正如这种可能性存在一样），我认为最重要的真理必定在叔本华的这句话中："在我们的存在背后隐藏着一些别的东西，只有摆脱这个世界，我们才能通达它。"我的一生都在这两种可能性之间徘徊，但前者总是有着更强的吸引力。

无论真相是什么，我发现，并且不断地发现，我将不可避免地离开这个世界，这一点是多么令人难以接受。我对这个世界的爱无以言表。一想到我将被迫离开，并且再也回不来，我就觉得难以忍受。尽管我对死亡了解甚少，但有一件事似乎是确定无疑的（如果说未来有任何一件可以确定的事情的话），那就是，当我死后，我将不再存在于这个世界上。当我思考死亡时，我感到的不是自怜自艾，而是对这个世界的向往，对持续存在的渴望。与自己的生活永久分离的感觉，就像是失去了一切最宝贵的东西。几年前，我经历了一次中风，有那么几秒，我相信自己快要死去，那时，吞没我的情绪主要并不是恐惧，而是对失去的悲伤——失去一切的悲伤。

总结我们的困境

我知道我存在，却不知我为何物。或者说，我不知道"我"是什么。"我"可能只是个物理对象，即我的身体及其功能。如果是这样，这些功能停止后，身体便死亡，被烧成灰烬散落四处，我也将不复存在。有千百万的人类同胞相信事情就是这样，其中一些人自信而果决。还有数以百万计的人则并不相信，这些人对于"我"到底是什么有各种不同的看法。有些人相信，我的本质区别于我的身体，它在身体死亡后能幸存下来，我们每个人都有（或者我们都是）一个不朽的灵魂。另一些人则相信，我们不是以个体的形式幸存下来，我们会汇入某种存在之海，就像雨滴没入海洋。还有一些人的看法又不尽相同。每一种观点背后，都是一个聪明而深思熟虑的个体，他们怀着坚韧和激情持有这些信念。不少人因为不愿放弃自己的信念，为此遭受折磨和死亡。如果内在的确定感，以及聪明诚实的人们做出的至死不渝的承诺，可以作为真理的保证，那么世界上的所有宗教都将是真理。但它们不可能都是真的，因为它们相互矛盾。所以，如果其中一个是真的，那么其他的一定是假的。除非我们并不当回事，才会断言它们都是真的。这些相互冲突的看法，最多只能有一个是真的，当然也可能没有一个是真的。

　　上述情况清楚地表明，实际上，根本没有人知道真相是怎样的。显而易见，我不知道自己能否活下来，其他人也不知道。我不知道我是否拥有灵魂，其他人也不知道。再提一个可能相关的话题，我不知道上帝是否存在，其他人也不知道。没有理由对这些问题做出肯定的答复，单凭这一点，也不意味着否定的答案就是正确的，我们对否定性的答案也没有确切的知识。很多人在这些问题上有着不可动摇的信念，并且确信他们无论如何都是知道的，但是，不可动摇的信念不等于知识。

我们人类竟然不知自己为何物，乍看起来，这似乎不可思议。在我们的认识之初，存在的本质就呈现为一个高深莫测的秘密。但是，在更为严格的审查中，问题的关键似乎不在于存在的本质，而在于知识的本质。早在哲学的开端，就有哲学家争论过这一点。前苏格拉底哲学家克塞诺芬尼（Xenophanes）写道［哲学家卡尔·波普尔（Karl Popper）英译］：

一开始，诸神没有向我们揭示

一切，但随着时间流逝，

通过探索，我们不断学习，见识越来越广。

然而，对于确切的真理，无人知晓，

也永远不会有人知晓，既不知神，

也不知我所说的事情。

即使有人碰巧说出了

终极真理，他自己也不会知道。

如今公认的自古希腊时期以来最伟大的哲学家——伊曼努尔·康德，在他的一些深刻著作中指出，任何有感知的造物都不可能知晓自己的本质。现在，包括宗教哲学家在内，不同领域的哲学家们都达成了一个强烈的共识，那就是灵魂和上帝的存在无法被证明。即使是那些在任何意义上都不算知识分子的人，也普遍认为这些问题无法回答。这些问题当然会有一个答案，但这个答案我们不可能知道。在我所生活的这个社会中，如果有什么观点更应当被称为路人的观点，那么这种观点就是了。所以，我个人认为的"正确"态度就是大家都熟知的那种，不论这种态度是简单还是微妙。

然而，无论人们以何种方式持有这种态度，在实际生活中，都几乎不可能奉行。没有人能长期面对这样一个事实：我们不知自己为何物，也不知未来会怎样（如果有的话）。我相信，大多数人都避免去想这件事。正如我父亲在得知自己患上致死癌症后说的那样："人不要老想着这些事情。"有些人，包括许多情不自禁地思考这类事情的人，他们利用自己和生存欲望相关的自然力量，将活下来的希望转变为某种微弱的信念，最终又转变成一种信仰。他们相信自己可能活下去，这个信念当然是正确的。他们自然也一心想要活下去。从心理上来说，从相信自己可能活下去到相信自己一定能活下去，这只是一个小小的滑坡，但滑坡本身是不合理的。正如弗洛伊德曾经写道："无知就是无知，不应当相信任何从无知中推出的事情。"

曾经人们常因信仰坚定而受到称赞，而且几个世纪以来都是如此。但是，如果这种坚定的信念背后只有一点或压根儿没有证据，我实在想不出这种信念在什么情况下应该受到称赞。这根本没什么好赞颂的。不过当然，无论是政治上的还是宗教上的，各种教派领袖都想要这样的追随者。

人们也许会问：如果真实但又并非确定的毁灭前景太可怕，让人无法面对，那又有什么理由要面对它？为什么不能逃避，不去想它，或者在信仰中寻求安慰？随着年岁的增长，这个问题对我来说越来越难回答。还年轻的时候，我理所当然地认为，应该尝试在真理的指引下生活，并且，我对任何认为或许可以不这么做的建议报以轻蔑。然而，那些无力面对的人该怎么办呢？我们应该固执己见，哪怕摧毁他们的精神健康吗？我认为我们不应该这样做。我不再认为应该给他们施加压力，让他们面对超出其能力承受范围的事情。艾略特曾说："人类无法承受太多的现实。"

这句话常被人们引用，说得也不错。我不想打扰任何不愿意思考这些事情的人，我也不参与任何关于宗教信仰的争论，但我确实认为，这些人不再想追求真理。那就让他们想方设法保持平衡吧，但也要让他们清楚，其他人没有义务去积极关注他们为此所采取的任何观点：可以从宽容和社会尊重的角度考虑他们的看法，但从思想研究的角度考虑则大可不必。

我这样写，并不是出于某种优越感。我曾认为，对追求真理的承诺是最重要的价值，我们需要尽可能地探索关于我是什么的真相，并在它的指导下生活。现在，这仍然是我想要尽可能做到的事。但我发现，有些事情连我也无法接受。从经验中我发现，不管我怎么想，我都为生存设定了更高的价值，他人的生存如此，我自己的生存也如此。如果我无法忍受继续思考，便不会再强迫自己继续坚持不懈地思考下去。不过，在那一刻，我知道，我已经放弃将追求真理作为首要目标，转而把生存作为首要目标。这种动机最初可能是某种生物意义上的不可避免的东西，但最终我也不希望改变它，但愿那只是因为改变的尝试徒劳无益：理解始终难以企及，哪怕我们在追求的过程中毁灭自己。也许，一种值得期待的状态是，有时候（但不需要在所有情况下），我们能有足够的力量去面对必须面对的事情，这正是我所希望的。对于最终的真理，我成了三心二意的追求者，但也成了三心二意的逃兵。

逃避的主要问题在于，因回避而产生的思想和生活是肤浅的；不一定错但很可能是错的，而且肯定缺乏正当性或不真诚。逃避的一种方式是怀着乐观的期望"假装"生活，那么，他的行为中总会包含虚假的成分，甚至思想中也包含某种表演的修饰性的东西。另一种方式是当作参与一场游戏。尽管像许多游戏那样，人生也有非常严肃的玩法，但是，如果某人一直以这样的方式生活，那么，直到进入坟墓之前，这个人都没有认真或热烈地活过。这个人玩游戏就只是为了耗费时间，同时回避现实的处境。（这正是二十世纪的标志性戏剧《等待戈多》的主题。）

正如我强调的那样，我们对存在没有发言权：我们只是睁开眼，就发现自己已身处世界之中。就其显然不可还原的特征而言，这个世界似乎由一个四维的"容器"构成，三个空间维度外加一个时间维度，囊括了无限多的物质对象。出于对我们的处境之原理的好奇，可以自然而然地提出这些问题：时间的本质是什么？空间的本质是什么？物质对象的本质是什么？在这个世界中的我们的本质是什么？我们与这个世界的关系是什么？我们与他人的关系的本质是什么？对这些问题的追问构成了哲学及其历史的主流，也正是由此，科学一个接一个地诞生了。

科学带来的启发远超任何人的预期，并且现在仍然如此：每个时代的人都揭示了前人没能（或者通常来说可能）想象到的事。在过去的一百多年里，科学又一次改变了我们对时间、空间、物质和我们自己的理解。然而，并非所有可得的知识都能通过科学获得。尽管科学对我们理解这个世界做出了不可或缺的贡献，但是，如果我们将对整个世界的全部理解都建立在科学上，或者试图建立在科学上，甚至哪怕设想这样做是可能的，那我们就都搞错了。

对于任何人做出的一个断言，似乎我们都可以主张，只有在其他人能够检验的情况下，这个断言才是科学的。在很长一段时间里，科学被看作对物质在空间中的可观测运动的研究，甚至，所谓的社会科学，即关于人类行为的科学，也是关于物质在空间中的可观测运动的科学。所以，科学检验被看作对事物及其运动（以及它们的变化）进行的一种有规律的、可测量的观察。原则上任何人都可以进行这样的观察。虽然没有人的观察可以百分之百准确，但这些观察可以被其他人重复检验。因此，尽管科学检验不是完全客观的，但也不是完全主观的：它是主体间的，处于永无止境的相互批评和纠正之中。科学本质上是一份合作的事业，一场不断趋近真相的旅程。现代科学变

Chapter 7　总结我们的困境

得比过去更加理论化、抽象化，不再那么专注于可直接观察到的物质对象；不过，科学结果的可重复性原则仍然成立，并且仍然是判断一个主张是否科学的基础。

然而，每一个个体所拥有的关于自己的知识，对于他人而言并非总是可以获得的。我们都是物质对象。我们或许不只是物质对象，但至少有一部分是；如果我们的本质是非物质的，那它至少是具身的。我们的身体与任何其他物质对象一样，向各式各样的科学研究开放。但这并不能解释我们拥有的所有关于自己的知识。我们每个人都是从内部了解自己的物质对象。每个个体的内部知识都是独一无二的。在我体内发生的事情是他人不可及的，包括我的想法、情绪、反应、记忆、计划、希望、恐惧、白日梦、对不同事物的体验，这些事情大部分都发生在我醒着的时候。我直接获得这些知识，而不通过感官：这些知识同我所拥有的其他知识一样可靠。这并不是说它们是不可错的。我的记忆可能出错，也可能认错疼痛的位置，或是误会自己情绪的本质。即使是可错的，它们与其他任何类型的知识也并没有什么区别；所有的知识都是可错的，或许除了我当下直接体验到的未经描述的经验，但我对此也不确定。没有人能够严肃地主张，只有不重要的经验才是主体所特有的。我们的内部经验包括一些最重要的东西，例如恋爱、对自然的或伟大艺术作品的回应，以及对道德和价值观的深信不疑。像我们确切地知道其他事情那样，我们可以确切地知道我们拥有这些体验。然而，其他人只有我们对此的一面之词。我可能会谎称自己恋爱了，掩饰自己的道德信念或对艺术作品的反应。关于这些事情的陈述不是科学知识，据我所知，也没有人会认为它们是科学；但是，它们可能是真的，是重要的，并且，可以是知识。

有时会有人问我，如果我承认对艺术的反应在认知上是有效的，为什么这一点不能延伸到宗教主张上。对此，我的回应是，宽泛地说，在前一种经验中，我的反应所针对的对象，其存在毋庸置疑。如果我对一部戏剧或交响乐产生了特定的反应，人们可以说我的反应不太恰当，但不能说这部戏剧或交响乐不存在。如果有人告诉我他知道上帝存在，因为他直接经验到了上帝，我（通常）不会质疑他的真诚，也不会质疑他的这种强烈的体验，我质疑的是他对这个经验的解释。他声称，这种经验使得他确切地知道，除自己之外还有某个特定的存在，但这个解释不成立。他可能对自己的经验做出了错误的解释，所有人都有可能犯这种错误，事实上也经常如此。如果他不是罗马天主教徒，他是否还相信那些如此真诚宣称的人真的与圣母玛利亚有联系，就像大多数愿意接受这种说法的人并不会相信另一个同样真诚的人与印度教神灵的联系。这些经验对文化的依赖背叛了它们自身，虽然人们似乎无法摆脱去相信它们的倾向。

然而，与我不相信的倾向相悖，如果这种说法中有一些的确是真的，那么它将加强而不是削弱我的这一观点，即将了解世界的努力局限于科学研究是错的——就算这个世界由包括人类在内的所有物质对象组成。虽然对物质对象的科学研究只能使用所有观察者都能获得的数据，我们或许可以称之为"来自外部的知识"，但还有一种来自内部的知识。限制我们从内部理解这个世界，这是站不住脚的；如果我们的目标是理解物质对象的本质，而我们自己正是物质对象，那么这种限制便是武断的、不必要的，并且是荒谬的。如果我们每个人都能从内部直接了解物质对象，那么这定然意味着，通往理解事物本质的最有希望的道路，部分来自内部，部分来自外部。事实上，这似乎不证自明。因此，在我看来，我们扩展自身知识和理解事物本质的努力，不仅包括科学（这是必然的，而且不应该有任何限制），也应该包括艺术和哲学，它们关涉的是现实和经验的其他方面。毫不奇怪，它们和科学有很多共通之处。它们都是追求真理的活动，对每个人开放，都希望穿透表象和常识愚见，为事物的运作提供更好的理解。这一切均始于思辨性的想象，并在根本上依赖于直觉和顿悟，因此，创造性的想象起到了特别重要的作用。这些领域的从业者同样想发挥批评和自我批评的作用，致力于以融贯、可以公开获取的形式来阐述和传达他们的发现。他们都有自己的从业资格证书，都尽力为自己的发现或成果寻求辩护，在这些领域，都绝不会因某个权威的一家之言就使得某个作品成为可靠的、有效的、真实的或者美的。它们一起为我们提供最深刻的洞察和最基本的理解，在所有的人类探究活动里，它们的不可或缺之处就在于，始终向最激烈的质疑与批评开放。

我们的内部知识和外部知识不仅常常容易出错，而且固然受到自身视野的局限。本章的第一句话就断言，我们不知道自己的本性。我们从内部获得的关于自己的知识，虽然使我们了解到不少关于自己的事情，但并没有揭示出我们内在最根本的本质——我们究竟是什么。就这一点而言，内部知识和外部知识没有区别。也就是说，我们关于其他物理对象的知识，同样无法向我们揭示出它们的本质。在这两种情况中，我们所期望了解的终极主体和终极客体仍是无法认知的。

就关于其他事物的知识而言，之所以如此的一个

　　　　　　　　　Chapter 7　总结我们的困境

原因是，我们关于它们的理解需要以知觉为媒介，也要受中枢神经系统（包括大脑）的调节。因此，只有通过这些媒介产生的理解形式才是我们可以获得的，包括知觉、概念等。对那些其存在完全独立于我们自身可以掌握的范畴的事物，依据其本性，我们便不可能形成任何观念。就关于我们自身的知识而言，情形也如此；除从内部获得的那些以外，其他大部分知识都是非感官的。我们能直接意识到的仅仅是我们的经验。因此，除非我们只是我们的经验——也就是说，除非如某些人所相信的那样，不存在一个非经验性的自我，这个自我区别于经验但拥有经验——否则，自我本身必定永远是不可知的。这便是人类真实的处境。

如前所述，有人认为，如果所谓的自我永远不能成为直接知识的对象，我们就没有足够的理由相信自我的存在。他们认为，我们所知道的自己，就是我们自身所拥有的经验——用休谟的话说，我们就是"一束感觉"（a bundle of sensations）。但我认为这是错的，因为这种观点假定，相信某物存在的充分理由，只能是通过将其直接认知为一个知识论的对象。事实并非如此。我们可以知道某些东西的存在，但并不知道它是什么。举个或许不太确切的例子。比如，我对中国没有认知，但我知道中国的存在；或者，我不认识奥巴马总统，但我知道他的存在。这些例子所表明的逻辑上的区分，对所有思考至关重要。从逻辑上讲，我们可能知道自我的存在，但并不知道自我是什么，这正是我们的处境。

作为能动者的经验（experience of agency）让我们知道自我的存在。当我清醒时，我大部分时间都在活动，控制身体的运动，并用它移动周围的事物。我会考虑不同方案，从中选择，做出决定，有时也会改变主意。我觉得，我对这些行动的后果负有道德责任，即使不情愿，我也无法逃避。如果这种关于道德责任的信念（不论愿不愿意）是有效的，这就预先假定了负责任的"我"是随着时间持续存在的，与那个做出行动的"我"同一。因此，我作为自己的经验不仅包括知觉和认知，也包括行动及其道德后果。通过这些经验，我知道自己是一个持续存在的自我，是一个积极的道德主体，而不仅仅是道德中立的经验的接受者。这意味着，任何对"我"的说明，都不能只有（或许也不是最主要的）对认知主体的解释，还需要包括对道德主体的解释。

那么，我的整体情况就是：只要我还活着，我便知道我有一个持存的自我；但我无法了解它的内在本质，对于死后将会发生什么，我也毫无头绪。

并不奇怪，对这一境况，许多人会说，如果这些最基本的问题得不到可靠的答案，那么我们就不应该在这上面浪费时间。对这些人来说，似乎显而易见的是，无论这些问题本身有多么重要，如果我们从一开始就知道对这些问题的任何探究都不会得出令人满意的结论，那么我们从一开始就明白，这些探究将是徒劳无益和令人沮丧的。既然如此，为什么还要这样做？我自己有时也有这种感觉。然而，我不认为这是一种符合现实情况的态度。西方哲学中有一种传统，一直为这些问题提供启发，尽管它也不能提供明确的答案。这一传统从洛克开始，经过休谟，在康德和叔本华的著作中登峰造极。（有趣的是，叔本华自己把这一系列的继承看作单一而持续的讨论："我们可以看到，洛克、康德和我是紧密联系在一起的，在将近两百年的时间里，我们逐渐发展出了一条融贯的、一致的、统一的思路。也可以将大卫·休谟看作这个链条中的一个节点。"）任何一个沉浸在这些哲学家之中的人，都可能获得一定程度的启发；仅靠自己不可能获得这些启发，除非他综合了这些哲学家的才能。这类哲学研究带给我们的不是答案，而是顿悟和启发。

这些哲学家对我们所面临的基本问题有着惊人的把握，并且对它们有着非同寻常的深刻理解。他们善于看到这些问题之间的关联，以及它们是如何关联起来的，同时，他们还能指出有些明显的关联实际是虚假的或误导性的。他们能够设想出各种解决方案，思考这些解决方案可能存在哪些反驳，筛查出那些经不起严格检视的方案，知道这对剩下的那些可能选项有何影响。他们的工作有条不紊，通过对基本问题进行分析和论证，来识别并探究不同的回答问题的方式；以这种方式，他们绘制着可以理解的事物的地图，也为我们划定有意义的探究的边界。他们也绘制了形而上学的地图。由于形而上学的问题并不能够得到直截了当的回答，确凿的答案就更别想了，研究这些问题不能为我们带来传统的知识——得到辩护的真信念。正是这一点使许多人认为，形而上学问题不值得研究。然而，传统意义上的知识是不可得的；即使可以获得，它们也不会是心灵所能够拥有的唯一宝贵财富：还有洞察和启发。我们对人类的处境（有时也被称为人类的困境）的理解，就是由这样的研究改变的。我们对自己生活的理解是如此，对自己的理解也是如此。有的人被苏格拉底所说的"未经审视的生活不值得过"说服。探究对我们来说非常重要，有或没有将在生活质量上造成巨大的差别。自我理解和自我定位的程度也是如此。我们或许仍不清楚自己身在何处，然而，囿于光明与困于黑暗有着天壤之别。

无论如何，如果我们在困惑和被动中无助地举手投降，我们将无法应付这个世界上的生活。我们必须采取行动，去做点什么。无论采取何种行动，都需要先做出决定，而这又涉及选择。每个选择都参照了某个判断标准，即使是无意识的。因此，无论是否意识到这一点，我们实际上都拥有，而且必须拥有判断标准和价值观。它们对我们的生活有巨大的现实影响，尽管我们很少反思这些。正因如此，我们越能使自己意识到这些，我们就越能自觉地利用我们所拥有的一切自由。

人们常常会努力辩护那些关于自己的知识或关于外部事物的知识，要为他们提供合理的可靠基础。然而，我们会发现，在探究自己的价值观（包括道德观）时，我们无法将其建立在可靠的基础之上。我们可能对道德充满热情关切，有着坚定的价值判断，然而当要求我们为此提供正当理由时，我们无法排除异议。人们对道德的基础有不同的看法。有的人相信，道德的基础是上帝的意志：他们认为是造物主上帝创造了我们，上帝要求我们以特定的方式行事，如果不照做便会受到惩罚。有的人不信上帝，因此，他们认为上帝不能作为道德的来源。在这些人中也有分歧：有的人认为，道德由人类社会为其自我保存和福祉制定的规则所组成；有的人则认为，道德的起源可以追溯到动物演化发展的生物学过程。相关观点不一而足。这并不是说，不同的群体只是在相同的道德判断上鼓吹不同的论证。这些道德判断可能本身就是完全不同的。仅举一例，我们这个社会中的罗马天主教徒将堕胎等同于谋杀，而同一社会中还有数百万人并不觉得堕胎不道德。如果在相对同质和稳定的社会中也存在道德上的这种根本差异，那么，在其他方面，我们应该预期出现多大程度的差异呢？

同道德价值一样，审美价值也缺乏可论证的基础。比如，舒伯特最受欢迎的歌曲显然比我创作的歌曲要好，但这并不能被轻易证明，甚至这种显而易见也是由于我精心设计了这个例子。另一个不那么明显的例子是，贝多芬的钢琴协奏曲是否比莫扎特或勃拉姆斯的更好，音乐爱好者对这个问题也存在分歧。几千年来，人们一直认为没有办法解决这种争端。古罗马人有这样一句俗语：品位无可争辩（de gustibus non est disputandum）。

在所有对人类来说最重要的事情上——自己的内在自我的本质、其他人的内在自我的本质，以及这些自我在未来能否持存；外部世界的本质、空间的本质、时间的本质、世界上所有物体的本质；道德信念；对伟大艺术作品的反应——我们都不知道这些最为基本的问题的答案。这种知识不可得，因为我们无法将任何终极的信念建立在足够安全的基础上，使其得到证明。在这个意义上，我们永远无知。并且，由于我们无法知道，只要有任何关于这些问题的信念，信念间的冲突将不可避免。

比起接受全面的无知并与之共存，似乎转而寻求信仰的庇护要容易些，不管这一信仰是否假定一个不可知的实体的存在。我最后最想做的事情，也许便是将无知的边界往后推一推，正如我提到过的那些哲学家，他们在这方面卓有成效。我不在他们之列，也没有什么隐秘而疯狂的幻想；正如洛克在哲学家中被称为经验主义者，休谟被称为怀疑论者，叔本华被称为悲观主义者那样，如果要给我贴上标签，我会选择被称为不可知论者。我发现自己最想强调的是，唯一诚实的生活和思考方式，就是尽可能充分地认识到我们的无知及其后果，不屈从于某个信仰（不管是积极的还是消极的），不采取其他任何的逃避措施或自我放纵。

既然我们不得不采取或预设某种标准和价值观，那么，与之打交道的最佳方式，不是将其看作信仰或意识形态，而是将其看作是暂时的，可以接受来自自我和他人的批评，也可以根据经验和批评进行修正。洛克简明扼要地说道："谁能拥有无可争辩的证据证明他所相信的一切都是真的，或者他所谴责的一切确是假的，或者可以说他已经彻头彻尾地检查了自己或者他人的所有观点？处在这种短暂的行动和盲目状态中，我们有必要在没有知识的情况下去相信，这种信念的基础往往十分脆弱，我们应该多加谨慎地提醒自己这点，而不是去限制别人。"如果洛克说的不是"相信的必要"，而是暂时假设的必要，即必然的"假设"，那就更好了。我们别无选择，只能按照"最好的知识"和最好的判断来生活和行动；但是，我们远不能相信这些就是真的，我们需要时刻记住，它们可能不是真的——这与完全相信是不相容的。它们只是必要的假设，并且只是暂时的：我们必须对其保持批判的眼光，并且总是愿意做出改变。

在我们考察的所有领域，都没有什么东西能够为我们的观点提供决定性的辩护，这个事实并不意味着所有的观点都一样好。这些观点都愿意接受经验和批评的考验，而它们经受这些考验的方式各不相同。从长远来看，其中大多数观点都站不住脚。因此，当我说无法得到确定性时，我需要再次强调，我不是一个相对主义者：我认为，我们的假设、价值观、判断标准、道德和品位应该永远作为可以被批评的对象，并且应该根据这些批评进行修正或放弃；我们应该只接受那些经得起考验的。这意味着，尽管我们不能获得确定性，但我们能够并且确实取得了进步，因为，我们有非常好的理由从一种观点转向另一种观点，并且推崇这种新观点而不是旧观点。正是在这一点上，我们的生活质量因对终极问题的投入而改变。这还意味着，尽管我不认为可以获得确定的知识，但我并非通常意义上的怀疑论者，因为在我看来，我们总在持续不断地改进我们那些本质上具有暂时性的知识。这一推进方法具有大量的实际应用，我对其持续发展的前景持乐观态度。

　　几百年乃至几千年来，人们一直在为最重要的信念寻找安全的基础。在西方思想中，由于笛卡尔，对数学、逻辑、科学和哲学的研究变得非常激烈。让他人（包括自己）放弃长期追求这个不可能实现的目标是极其困难的。这种追求基于一系列错误的假设，不妨称之为"辩护主义"。它包括这样一些假设：（1）我们的信念要求获得积极的辩护，在科学中，这一点尤为明显；因此，（2）在能够提供这样的积极辩护之前，至少对于那些最重要的信念来说，我们没有站得住脚的理由去相信它们（有些人据之推断，在获得积极辩护之前，我们不能排除所有替代选项）；因此，（3）为了建立一个信念的有效性并为相信它提供辩护，最为要紧的事情就是，去寻找并发现这样的积极辩护。这些假设全是错的。相应的事实是，关于我们所谈论的事情，并不存在这里所谈论的那种辩护，幸运的是，我们也不需要这种辩护：虽然我们无法为相信某个理论为真提供合理辩护，但是，我们能够为推崇某个理论而不是另一个理论提供合理辩护。因此，合理性要求我们放弃追求证明，转而追求进步。以这种方式，我们可以超越对决定性辩护的追求，但又不陷入相对主义或怀疑主义。

如果我们不会死，由此产生的无休止的不确定性对我们来说便不成问题；相反，它直接与我们的处境相符合。我们的特殊问题源于这样一个事实：我们确实会死，而且，在我们离开这个世界时，我们仍将处于无知和不确定的状态中，一如从前。那么，在死亡来临之后，我们将会如何？就算是那些知道自己大限将至、死亡就在眼前的人，也不会知道问题的答案。我只希望，在轮到我的时候，我的好奇心能战胜恐惧。尽管情况可能会是这样，就在我以为自己即将找到一直追问的真相时，我便像烛光熄灭般，瞬间没入一片黑暗。

译后记

有些人沉迷于思考似是而非或似非而是的问题。

苏轼就曾记录一段简短对话。名叫朱炎的节度判官问一位高僧："此身死后，此心何住?"高僧反问他："此身未死，此心何住?"（见《东坡志林·异事下》。）

敏锐的心灵会不由自主地思考一些终极哲学问题。心是何物? 人死灯灭，心归何处? 类似思考，在不同时代、不同文化中反复出现。根据我们的经验，这些问题常常也是人们哲学兴趣的最初来源。

当代的学院风尚不乐意涵养原初的哲学兴趣。或许不合时宜，我们始终觉得哲学大问题及对其的真诚思考特别重要。因此，在轻读编辑联系翻译《终极问题》时，我们愉快地答应了，因为此书显然具备这两个特点。

布莱恩·麦基是英国的哲学家、政治家和作家，以其哲学普及工作闻名。他曾主持英国广播公司（BBC）的两档电视节目《思想家》和《伟大的哲学家》，后来结集出版，成为畅销书。他对乔姆斯基、柏林、波普尔等人的访谈，尤其广为人知。《终极问题》是他2016年出版的著作，三年后，他以八十九岁高龄在牛津海丁顿的一家医院去世。

出于效率考虑，我们的翻译工作分工如下：

刘小涛：第一章、第二章、第三章；

周从嘉：第四章、第五章、第六章、第七章。

　　　　　　　　　　　　　　　译后记

翻译过程进行得颇顺利。阅读和翻译这本书，总让人不禁想象麦基黑框眼镜下深邃的目光，还有他伦敦口音的英语，像是因此和这位逝去的智者建立了一种神秘的联系。"人同此心"，对于喜欢思考类似问题的读者，此书想必有些启发。

张欣怡通读译稿，提出不少有益建议；轻读文库编辑的专业精神，使译文增色不少。谨致谢忱！限于学力，错误在所不免，敬请读者教正。

刘小涛、周从嘉

2023年6月

产品经理：张雅洁
视觉统筹：马仕睿 @typo_d
印制统筹：赵路江
美术编辑：梁全新
版权统筹：李晓苏
营销统筹：好同学

豆瓣 / 微博 / 小红书 / 公众号
搜索「轻读文库」

mail@qingduwenku.com